Seeteufel

Bülent Nergiz
Barbara Vogel

Himmlisch Deutsch üben

Klasse 3

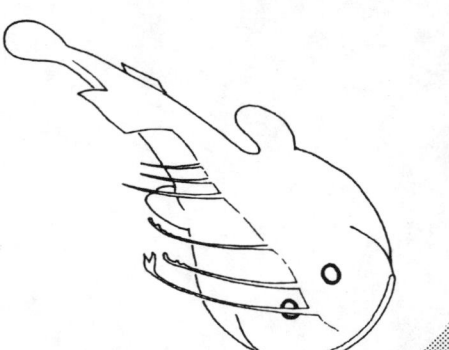

Impressum

Autoren: Bülent Nergiz
Barbara Vogel
Zeichnungen: Bülent Nergiz
Barbara Vogel
Layout: Ulrike Stöppelkamp
Druck: Uwe Nolte, Schwerte
Verlag: **Verlag an der Ruhr**

Alexanderstr. 54
Postfach 10 22 51
4330 Mülheim an der Ruhr
Tel.: 0208 / 49 50 40
Fax: 0208 / 495 0 495

© Verlag an der Ruhr, Januar 1993
ISBN 3-86072-085-6

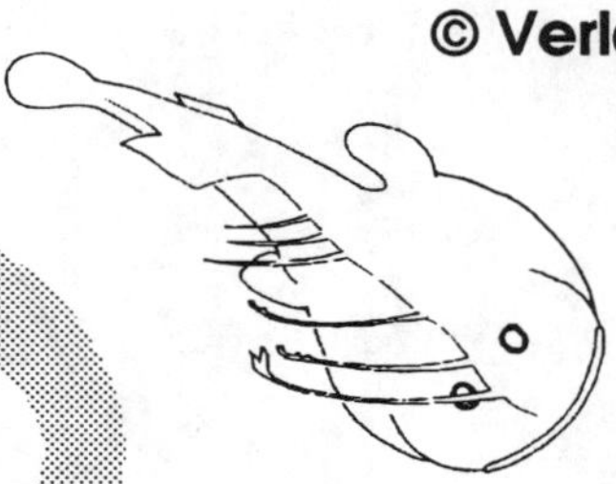

Inhalt

Vorwort *3*

Rätsel *4/5 und 50*
3 Blätter

**Namenwörter, Begleiter,
Wiewörter, Tunwörter** *6-18*
13 Blätter

Einzahl, Mehrzahl *19/20*
2 Blätter

ABC *21-23*
3 Blätter

Doppelte Mit- und Selbstlaute *24-27*
4 Blätter

Oberbegriffe *28-31*
4 Blätter

Verwandte Wörter *32-35*
4 Blätter

Spezielle Rechtschreibprobleme *36-59*
(d/t, tz/t, ck/k, au, au/äu, eu/äu,
ß/ss, ie/i, unhörbares h)
23 Blätter

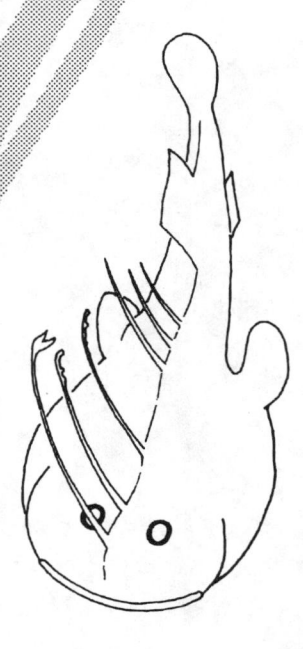

Liebe LehrerInnen!

Mit dieser Arbeitsmappe können Kinder **selbständig** und ihrem **eigenen Tempo** entsprechend Themen zur Rechtschreibung, Grammatik und Wortschatzerweiterung bearbeiten. Sie läßt sich besonders gut in der **Freien Arbeit** und zur **Differenzierung** einsetzen. Die Blätter dienen der Übung und der Vertiefung und machen auch Kindern, die sonst Schwierigkeiten mit dem Üben haben, Spaß.

Im Vordergrund der Arbeiten steht das Erkennen und Zuordnen, besonders bei den RS-Blättern ist auch schriftliches Arbeiten gefordert. Das Ausmalen und Zeichnen macht den Kindern Freude und dient der **Selbstkontrolle**.

Dem verwendeten Wortmaterial liegt ein gängiger **Grundwortschatz** für das 3. Schuljahr zugrunde. Hier haben wir versucht, das Prinzip der Wiederholung mit einfließen zu lassen. Die Kinder können aber unabhängig von der Reihenfolge, die in der Mappe vorgegeben ist, die einzelnen Blätter bearbeiten.

◆ Die meisten Blätter dieser Mappe können von den Kindern **eigenständig** erarbeitet werden. Sie sind mit einem [Symbol] gekennzeichnet.

◆ Die Blätter, die einer zusätzlichen **Erklärung oder Erarbeitung** bedürfen, sind mit einem [Symbol] gekennzeichnet.

Es gibt 2 Arbeitsweisen:
Zum einen gibt es einzelne Blätter, bei denen nur ausgemalt wird oder Rätsel gelöst werden. Zum anderen gibt es Blätter (hier gehören immer 2 zusammen), **bei denen zuerst zugeordnet** werden muß. Auf dem **zweiten Blatt** sollen die Kinder dann **Punkte in der richtigen Reihenfolge verbinden**. Der erste Punkt ist immer mit einem Pfeil gekennzeichnet.

Zum Einsatz dieser Blätter in Ihrem Unterricht wünschen wir Ihnen und Ihren Schülern viel Erfolg und vor allem viel Spaß!

Rätsel

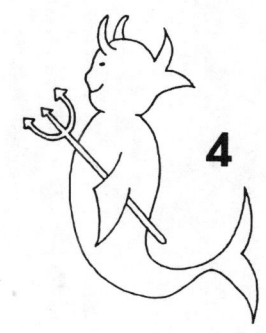

4

1. Löse die Rätsel.
In jedes Kästchen kommt ein Buchstabe.

2. Wenn du fertig bist, ergeben die ersten Buchstaben untereinander gelesen die Lösungswörter.

3. Male die Lösung in dieses Kästchen!

☐☐	Hieraus schlüpfen junge Tiere aus.
☐☐☐	Nicht du, sondern .....
☐☐☐☐	Gegenteil von ja.
☐☐☐☐☐	Es ist flüssig, heiß, und man kann es essen.
☐☐☐☐☐☐	Ein Wort für Vater und Mutter.
☐☐☐☐☐☐☐	Ein dickes, großes, graues Tier.
☐☐C K☐☐☐	Ein kleines Paket.
☐☐H☐☐☐☐☐	Das brauchst du, wenn du mit dem Zug fahren willst.
☐☐☐L☐☐☐☐	Wenn du Geburtstag hast, möchtest Du viele Kinder ......
☐☐☐☐☐☐	Gegenteil von falsch.
☐☐☐☐☐	Gegenteil von hell.
☐☐☐☐☐	Er ist lustig und tritt im Zirkus auf.
☐☐☐☐☐	Das wächst auf deinem Kopf.
☐☐☐	Gegenteil von weit.
☐☐	Kurzform für nein.

Rätsel

1. Löse die Rätsel.
In jedes Kästchen kommt ein Buchstabe.

2. Wenn Du fertig bist, ergeben die ersten Buchstaben untereinander gelesen die Lösungswörter.

3. Male die Lösung in dieses Kästchen!

- [_ _ _ _ _ _ G] Wenn etwas 3 Ecken hat, ist es....
- [_ Z _ _ _ _] Wenn du was erlebt hast, kannst du es jemandem......
- [_ _ _ _ _ _] Ein Land, das die Form eines Stiefels hat.
- [_ _ _ _ _ _] Das macht man, wenn wan Schnupfen hat.
- [_ _ _ _ _] Daraus wird ein Schmetterling.
- [_ _ _ _] Ein Tier, das auf dem See schwimmt.
- [_ _ _] Gegenteil von böse.
- [_ _] Liegt im Nest.
- [_ _ _] Gegenteil von trocken.
- [_ _ _ _] Trägt der Nikolaus auf dem Rücken.
- [_ _ _ _ _] Der macht Späße.
- [_ _ _ _ _ _] Mehrzahl von Haus.
- [i - _ _ _ _ _] Er gehört zum i.
- [_ _ _ _ _ _] Gegenteil von Armut.
- [_ _ _ _ ß _ _] Das bekommen Babies zu essen.

Namenwörter (Nomen)

1. Kreuze alle Namenwörter (Nomen) an!

2. Ordne die angekreuzten Wörter nach dem ABC und schreibe sie in dein Heft!

> Achtung! Wenn der Anfangsbuchstabe gleich ist, ordne nach dem zweiten Buchstaben! Und wenn der auch gleich ist?

☒	NASE		FRISCH		LEISE
	STOFF		BLEIBEN		BUS
	DICK		FLIEGE		SCHWER
	BESUCH		SCHLAU		TISCH
	KLEIN		MONTAG		BRUDER
	GLEICH		GESUND		WASSER
	APFEL		STILL		SPIELEN
	WEIT		BUTTER		ALT
	HIMMEL		AUGE		HEXE
	BETT		SCHNELL		STRENG
	SAUBER		FEIERN		TAG
	KENNEN		AXT		BEIN
	KLASSE		HELFEN		EIS
	RICHTIG		BAHN		LACHEN
	SPRECHEN		HEFT		SCHNEE
	SCHULTER		WARM		LUSTIG

Namenwörter (Nomen)

1. Kreuze alle Namenwörter (Nomen) an!

2. Ordne die angekreuzten Wörter nach dem ABC und schreibe sie in dein Heft!

> Achtung! Wenn der Anfangsbuchstabe gleich ist,
> ordne nach dem zweiten Buchstaben!
> Und wenn der auch gleich ist?

NASE		KISSEN		LEISE	
STOFF		BEISSEN		BIS	
UHR		FLIEGE		SCHWER	
BESEN		SCHLAU		TISCH	
KLEIN		MONTAG		BRUDER	
GLEICH		GESUND		WASSER	
LAGER		STUHL		SPIELEN	
WEIT		GÜRTEL		ALT	
NIMMT		AUGE		HEXE	
BETT		KNIEN		STRENG	
SAUBER		FEIERN		TAG	
KENNEN		AXT		SEIN	
KLASSE		HELFEN		EIS	
RICHTIG		BANN		LACHEN	
SPRECHEN		HEFT		SCHNEE	
SCHALTER		WARM		LUSTIG	

Namenwörter (Nomen)

3. Verbinde die angekreuzten Wörter der Reihenfolge nach!

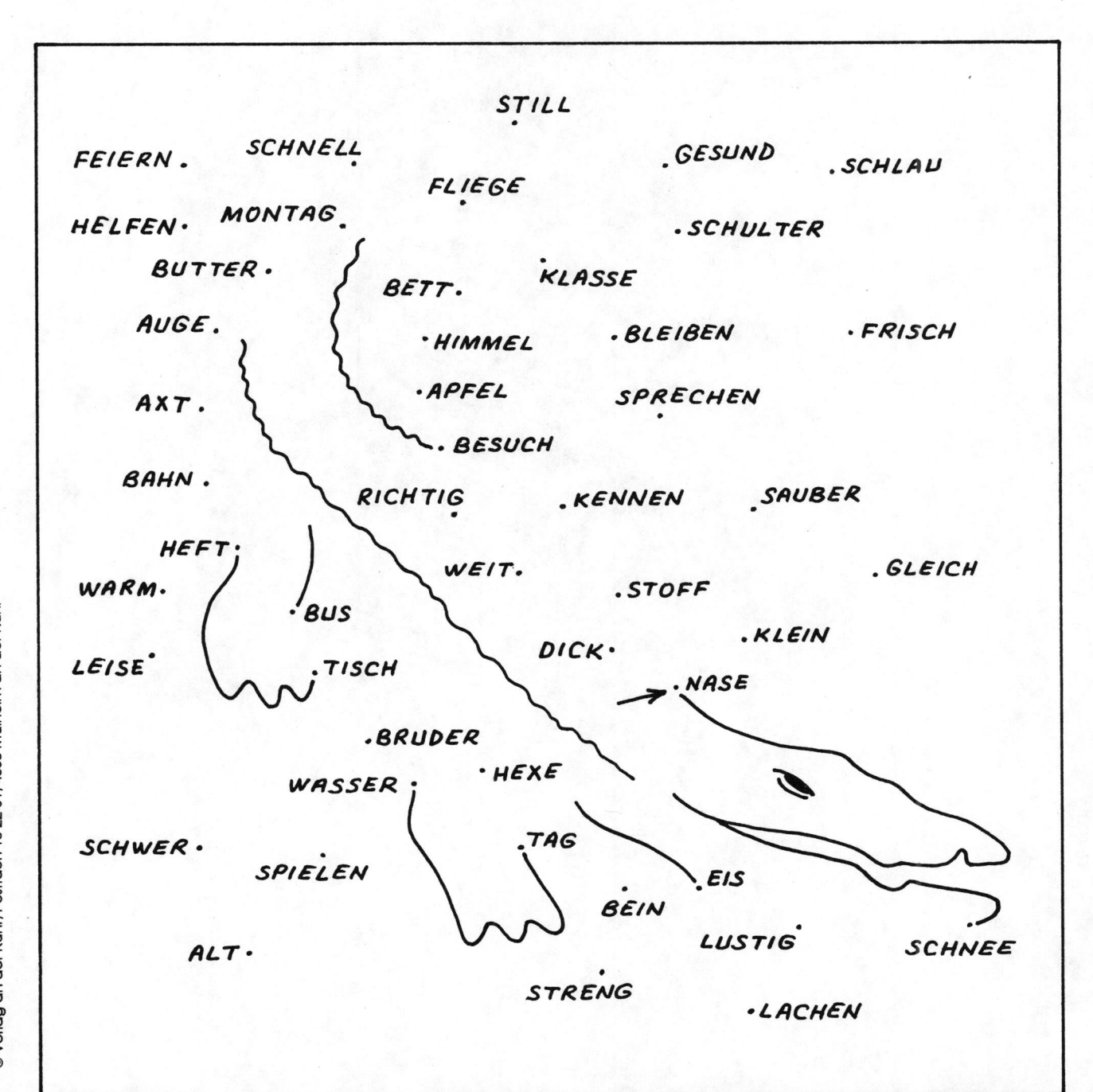

STILL
FEIERN   SCHNELL   GESUND   SCHLAU
        FLIEGE
HELFEN   MONTAG   SCHULTER
BUTTER   BETT   KLASSE
AUGE   HIMMEL   BLEIBEN   FRISCH
             APFEL   SPRECHEN
AXT   BESUCH
BAHN   RICHTIG   KENNEN   SAUBER
HEFT   WEIT   STOFF   GLEICH
WARM
         BUS   KLEIN
LEISE   TISCH   DICK
                       NASE
         BRUDER
         WASSER   HEXE
SCHWER   TAG
    SPIELEN   EIS
                BEIN   LUSTIG   SCHNEE
    ALT   STRENG
                    LACHEN

Namenwörter (Nomen)

1. Der Vogel will zu seinen Jungen.
Er darf aber nur über Namenwörter fliegen.

2. Male mit Buntstift alle Namenwörter aus,
dann kann der Vogel seinen Weg gut erkennen.

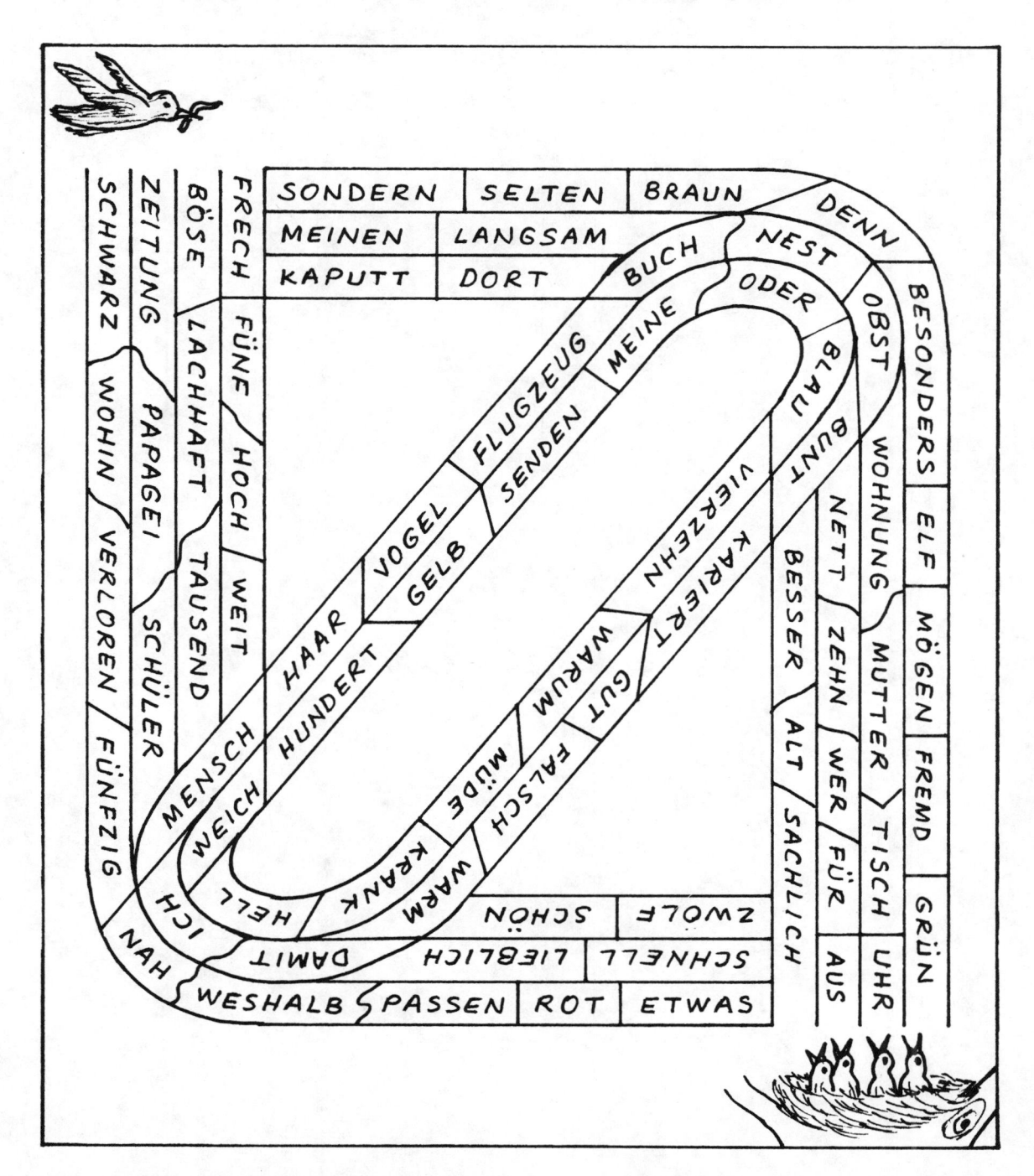

Namenwörter (Nomen)

9

1. Male alle Namenwörter (Nomen) bunt aus!

2. Schreibe alle Nomen mit Begleiter ins Heft!
So: die Fahrkarte, das ...

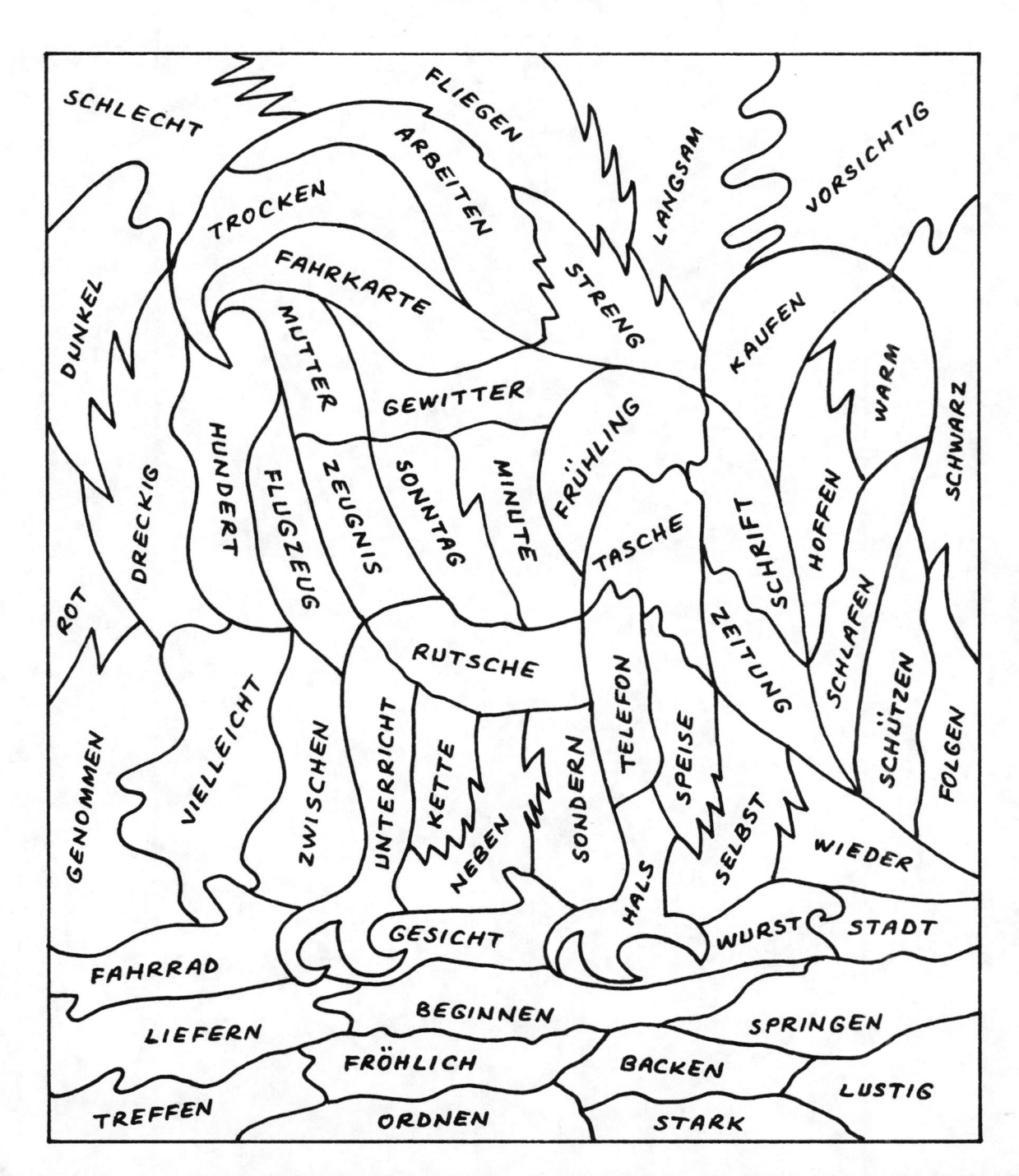

SCHLECHT, FLIEGEN, LANGSAM, VORSICHTIG, DUNKEL, TROCKEN, ARBEITEN, FAHRKARTE, STRENG, KAUFEN, WARM, MUTTER, GEWITTER, FRÜHLING, SCHWARZ, ROT, DRECKIG, HUNDERT, ZEUGNIS, SONNTAG, MINUTE, TASCHE, SCHRIFT, HOFFEN, FLUGZEUG, ZEITUNG, SCHLAFEN, RUTSCHE, SCHÜTZEN, GENOMMEN, VIELLEICHT, ZWISCHEN, UNTERRICHT, KETTE, NEBEN, SONDERN, TELEFON, SPEISE, SELBST, WIEDER, FOLGEN, GESICHT, HALS, WURST, STADT, FAHRRAD, BEGINNEN, SPRINGEN, LIEFERN, FRÖHLICH, BACKEN, LUSTIG, TREFFEN, ORDNEN, STARK

Wiewörter (Adjektive)

1. Kreuze alle Wiewörter (Adjektive) an!
2. Suche dir zehn Wiewörter aus!
3. Schreibe sie in dein Heft und suche das Gegenteil dazu! Z.B.: kurz - lang

☒	kurz		sausen		rot
	leer		üben		bauen
	rufen		grau		eng
	stark		leuchten		naß
	leben		böse		beginnen
	messen		laut		tragen
	klein		gefallen		leise
	reden		zählen		fahren
	schnell		nah		früh
	trinken		boxen		klingen
	dreckig		lieben		fröhlich
	schön		rennen		alt
	warm		neu		nett
	raten		bunt		rechnen
	vergessen		kochen		krank
	lieb		lang		dick

Wiewörter (Adjektive)

4. Verbinde die angekreuzten Wörter der Reihenfolge nach!

vergessen
raten   trinken
leuchten   sausen   reden
   schön   dreckig
gefallen   üben   schnell
   zählen   klein
boxen
   warm
   lieb
   lieben   stark
   böse   leer
laut   kochen
   grau   messen   leben
nah   nennen   rufen
bunt   neu   leise   alt   dick   kurz
   eng   naß   nett   krank
      rot   fröhlich   klingen
lang   früh   fahren
   bauen   tragen   rechnen
      beginnen

Wiewörter (Adjektive)

A. Verbinde die angekreuzten Wörter der Reihenfolge nach!

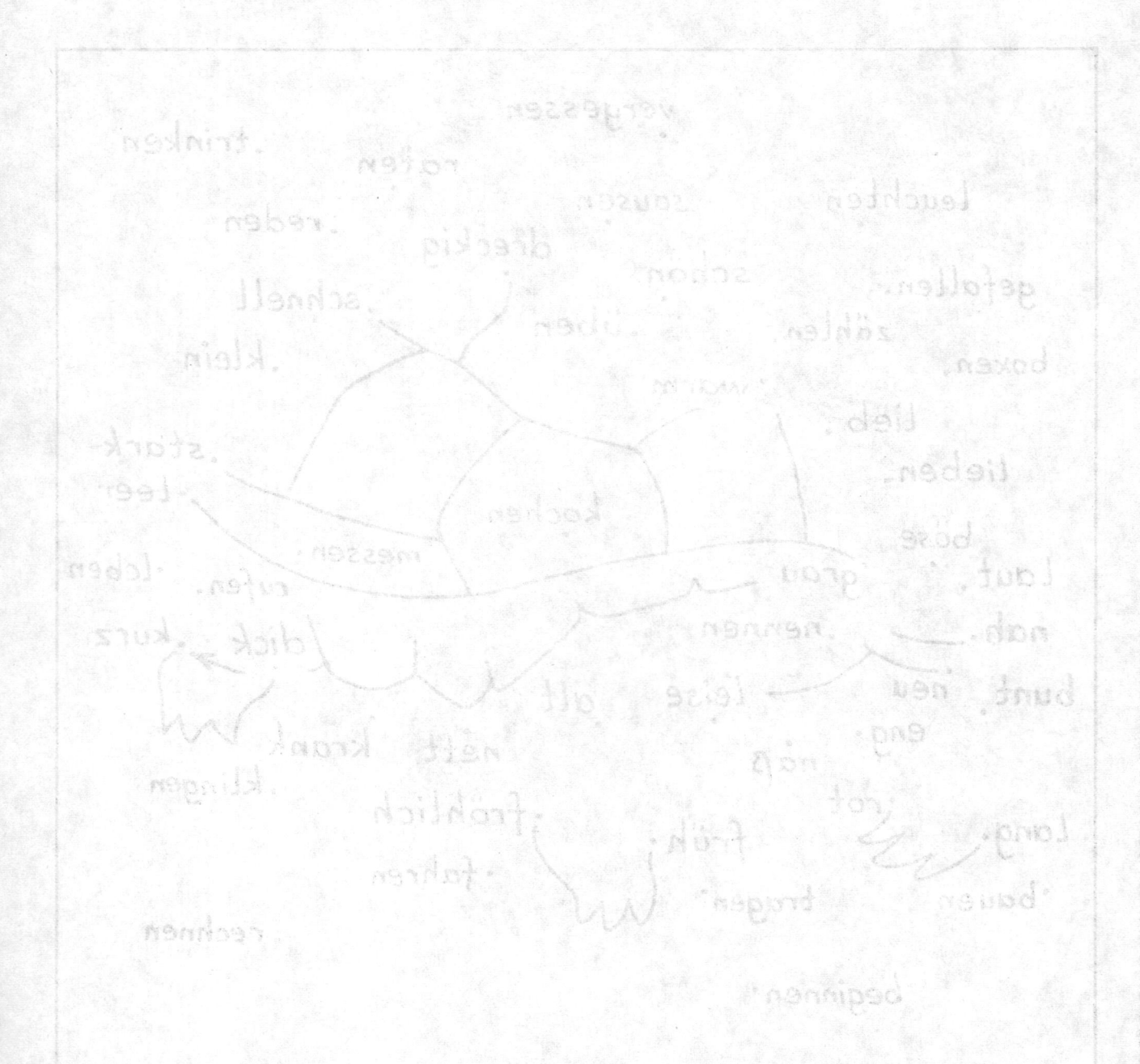

vergessen
trinken roten
leuchten rauschen
  schön dreckig getollen
  reden
  zählen üben boxen
  schnell
  klein schwer
    lieb
stark lieben
leer kochen böse
  messen
laut grau leben
nah nennen rufen
bunt neu leise oft kurz
    eng dick krank
  rot klingen
long früh fröhlich nett
  fahren
bauen tragen rechnen
  beginnen

Wiewörter (Adjektive)

1. Der Hase hat Hunger. Er darf aber nur über Wiewörter laufen, wenn er seine Möhren fressen will. Hilfst du ihm?

2. Male mit Buntstift alle Wiewörter aus, dann kann der Hase seinen Weg gut erkennen!

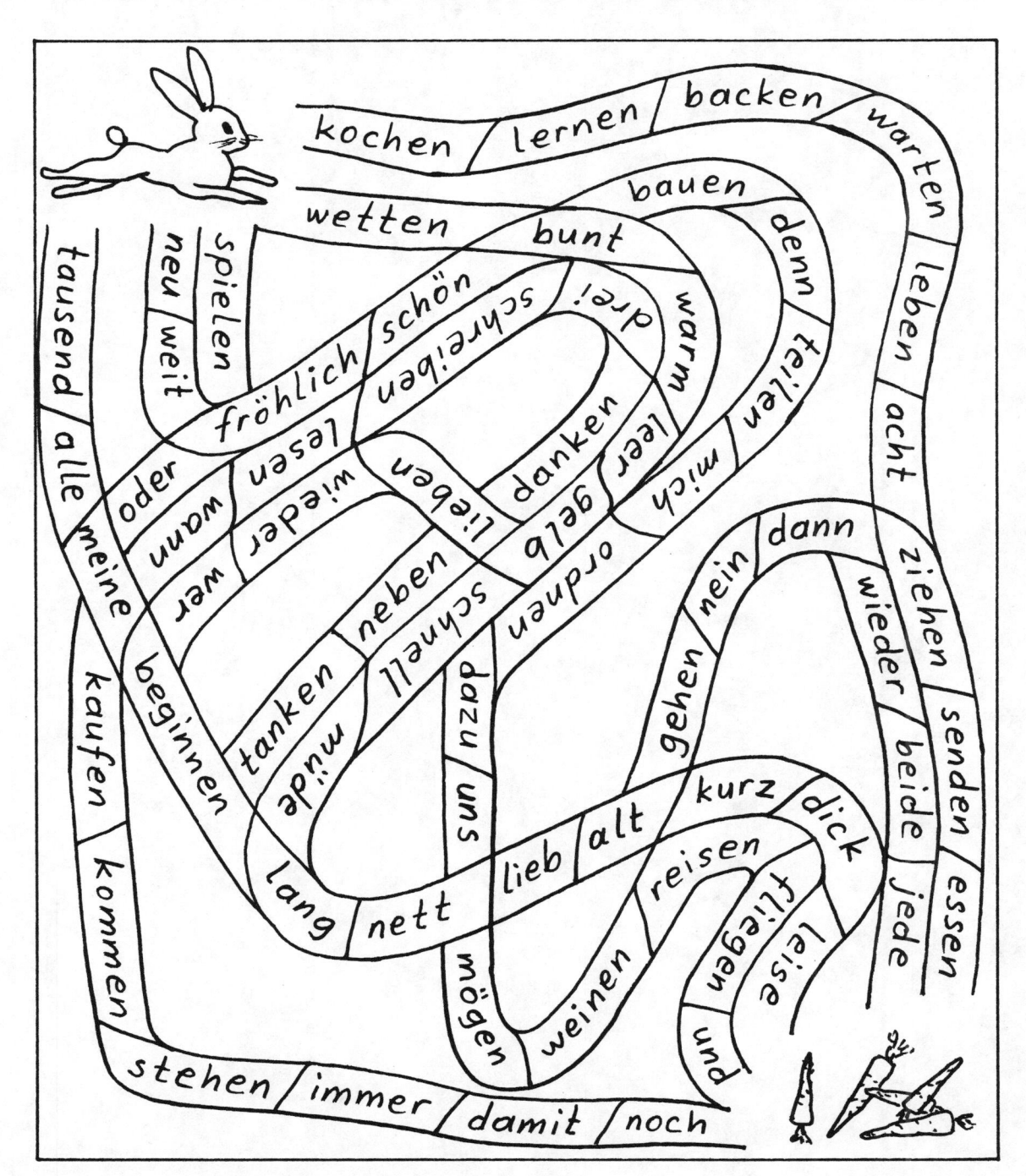

Wiewörter (Adjektive)

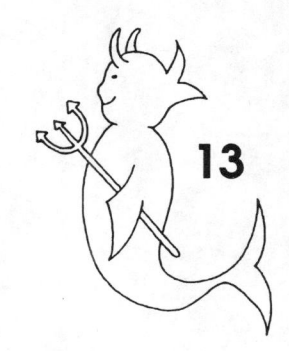

1. Male alle Wiewörter (Adjektive) bunt aus!

2. Schreibe sie so in dein Heft:
alt - älter - am ältesten

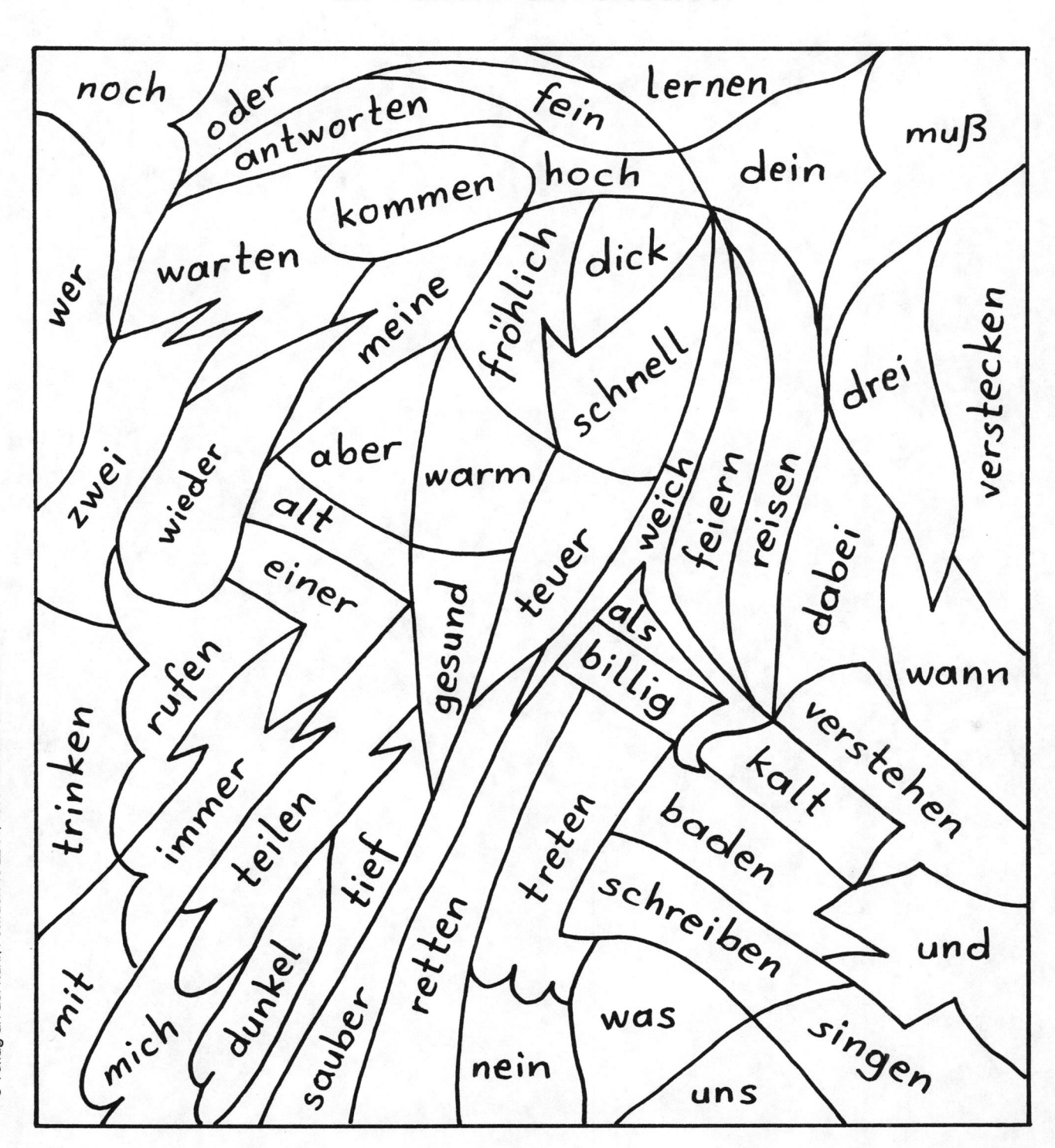

noch, oder, antworten, fein, lernen, muß, kommen, hoch, dein, warten, fröhlich, dick, wer, meine, schnell, aber, warm, weich, feiern, reisen, drei, verstecken, zwei, wieder, alt, teuer, dabei, einer, gesund, als, billig, verstehen, trinken, rufen, kalt, wann, immer, teilen, tief, treten, baden, schreiben, mit, mich, dunkel, sauber, retten, nein, was, uns, singen, und

Tunwörter (Verben)

1. Kreuze alle Tunwörter (Verben) an!

☒	kochen		besser		grau
	feiern		stehen		kaufen
	acht		danken		mögen
	kommen		wollen		dunkel
	hoch		lesen		gehen
	spielen		dick		kalt
	billig		üben		blau
	alt		senden		denken
	fragen		warm		passen
	doch		essen		gesund
	klein		bißchen		bitten
	holen		malen		grün
	gestern		zusammen		verstehen
	helfen		anfangen		sehen
	reisen		rufen		weinen
	neu		ziehen		stolz

Tunwörter (Verben)

2. Verbinde die Wörter der Reihenfolge nach!

dick · bißchen · zusammen
warm · malen · anfangen
essen · rufen
acht · senden · ziehen
kochen · üben · grau
feiern · lesen · kaufen
· mögen
kommen · · dunkel
· wollen
hoch · · gehen
· danken
spielen · · kalt
· stehen · blau
billig · besser · denken
neu
· reisen · passen
fragen · · gesund
alt · doch · · bitten
· grün
klein · · helfen
· verstehen
holen · · sehen
· weinen
gestern · stolz

Tunwörter
(Verben)

1. Das Mädchen möchte auf der Wiese spielen. Um dorthin zu kommen, darf es nur über Tunwörter laufen.

2. Male mit Buntstift alle Tunwörter aus, dann kann das Mädchen seinen Weg gut erkennen.

Tunwörter (Verben)

1. Male alle Tunwörter (Verben) bunt aus!

2. Schreibe alle Verben mit der Vergangenheitsform in dein Heft! Z.B.: wachsen - sie wuchs

Tip: Wenn du unsicher bist, schau im Wörterbuch nach!

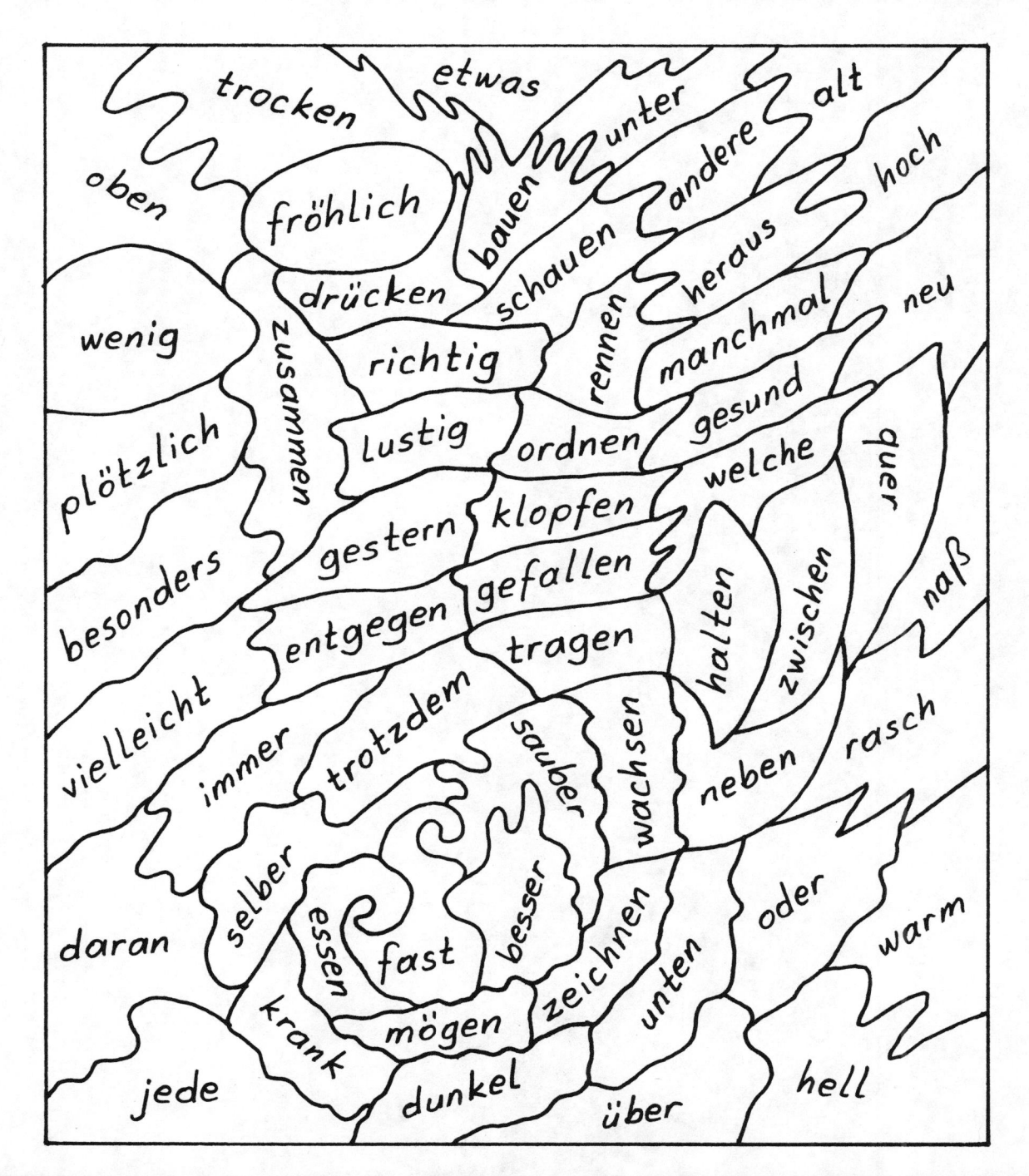

Wörter im Bild:

trocken, etwas, unter, andere, alt, oben, fröhlich, bauen, schauen, heraus, hoch, drücken, rennen, manchmal, neu, wenig, zusammen, richtig, gesund, plötzlich, lustig, ordnen, welche, quer, besonders, gestern, klopfen, halten, zwischen, entgegen, gefallen, tragen, naß, vielleicht, immer, trotzdem, sauber, wachsen, neben, rasch, daran, selber, essen, besser, zeichnen, oder, warm, fast, krank, mögen, unten, jede, dunkel, über, hell

Begleiter (Artikel): der, die oder das

1. Male alle Nomen *schwarz*, wenn der Begleiter **der** heißt!

2. Male alle Nomen *blau*, wenn der Begleiter **die** heißt!

3. Male alle Nomen *rot*, wenn der Begleiter **das** heißt!

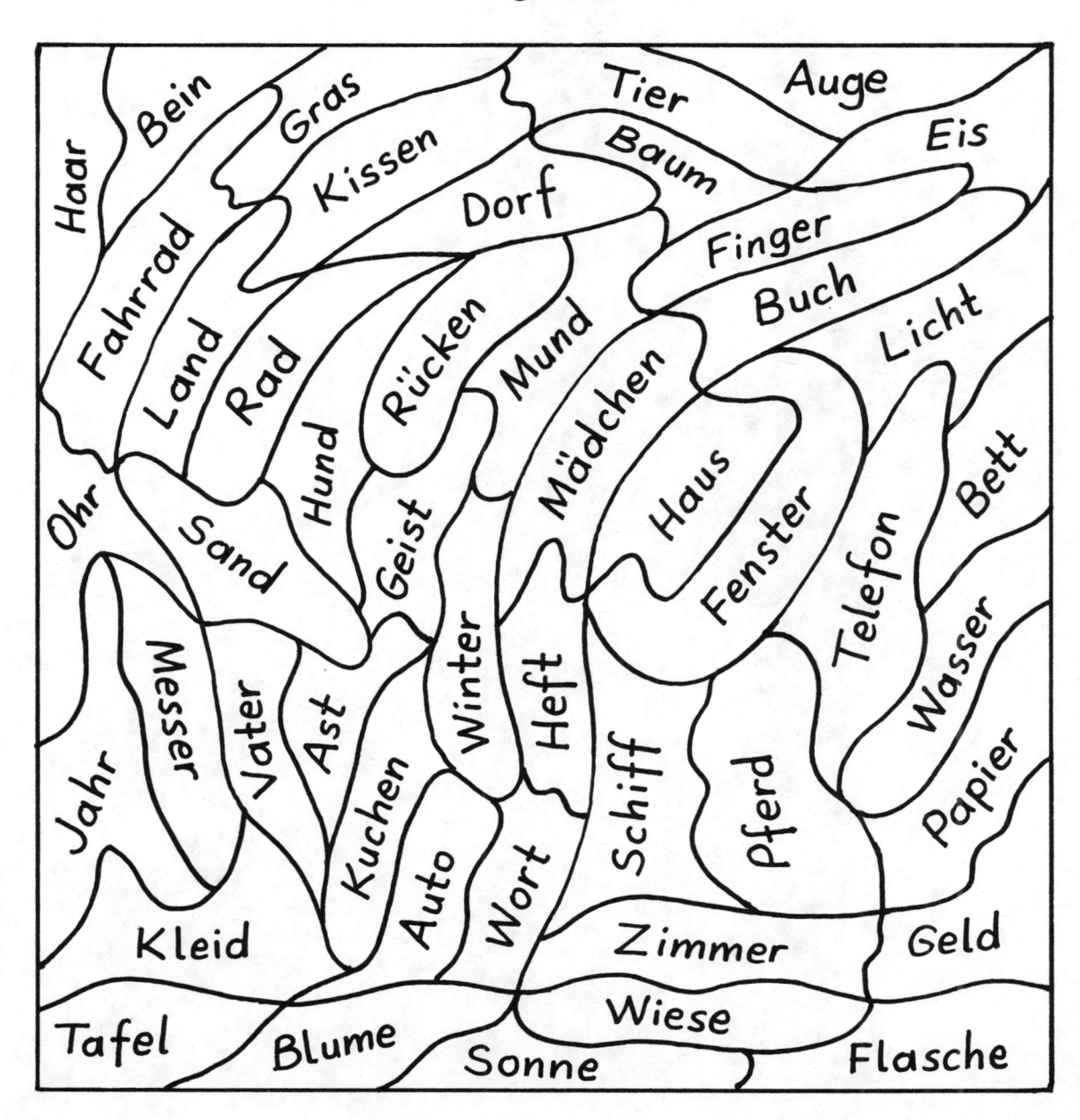

Haar, Bein, Gras, Kissen, Tier, Auge, Fahrrad, Dorf, Baum, Eis, Land, Rad, Rücken, Mund, Finger, Buch, Ohr, Hund, Mädchen, Licht, Sand, Geist, Haus, Bett, Winter, Heft, Fenster, Telefon, Wasser, Jahr, Messer, Vater, Ast, Schiff, Pferd, Papier, Kuchen, Auto, Wort, Zimmer, Geld, Kleid, Tafel, Blume, Sonne, Wiese, Flasche

Begleiter (Artikel):
der, die oder das

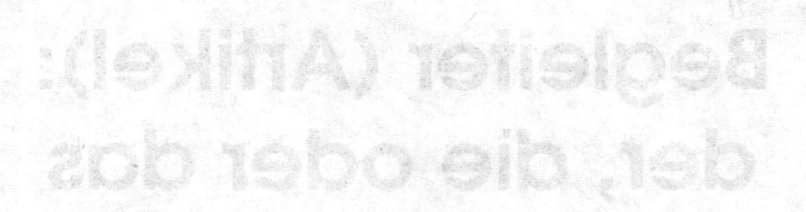

1. Male alle Namen schwarz,
   wenn der Begleiter der heißt!

2. Male alle Namen blau,
   wenn der Begleiter die heißt!

3. Male alle Namen rot,
   wenn der Begleiter das heißt!

Tafel, Blume, Sonne, Wiese, Flasche, Feld, Zimmer, Kleid, Wolf, Kuchen, Auto, Schiff, Wind, Heft, Messer, Gabel, Jahr, Wasser, Papier, Telefon, Bett, Haus, Fenster, Mädchen, Licht, Mund, Buch, Finger, Baum, Eis, Auge, Tier, Gras, Dorf, Kissen, Bad, Land, Hund, Stein, Sand, Ast, Mutter, Fahrrad, Ball

Einzahl (Singular)

1. Male alle Einzahlwörter bunt aus!

2. Schreibe alle Wörter (mit Mehrzahlwörtern und Begleitern) ins Heft!
Z.B.: der Ball - die Bälle

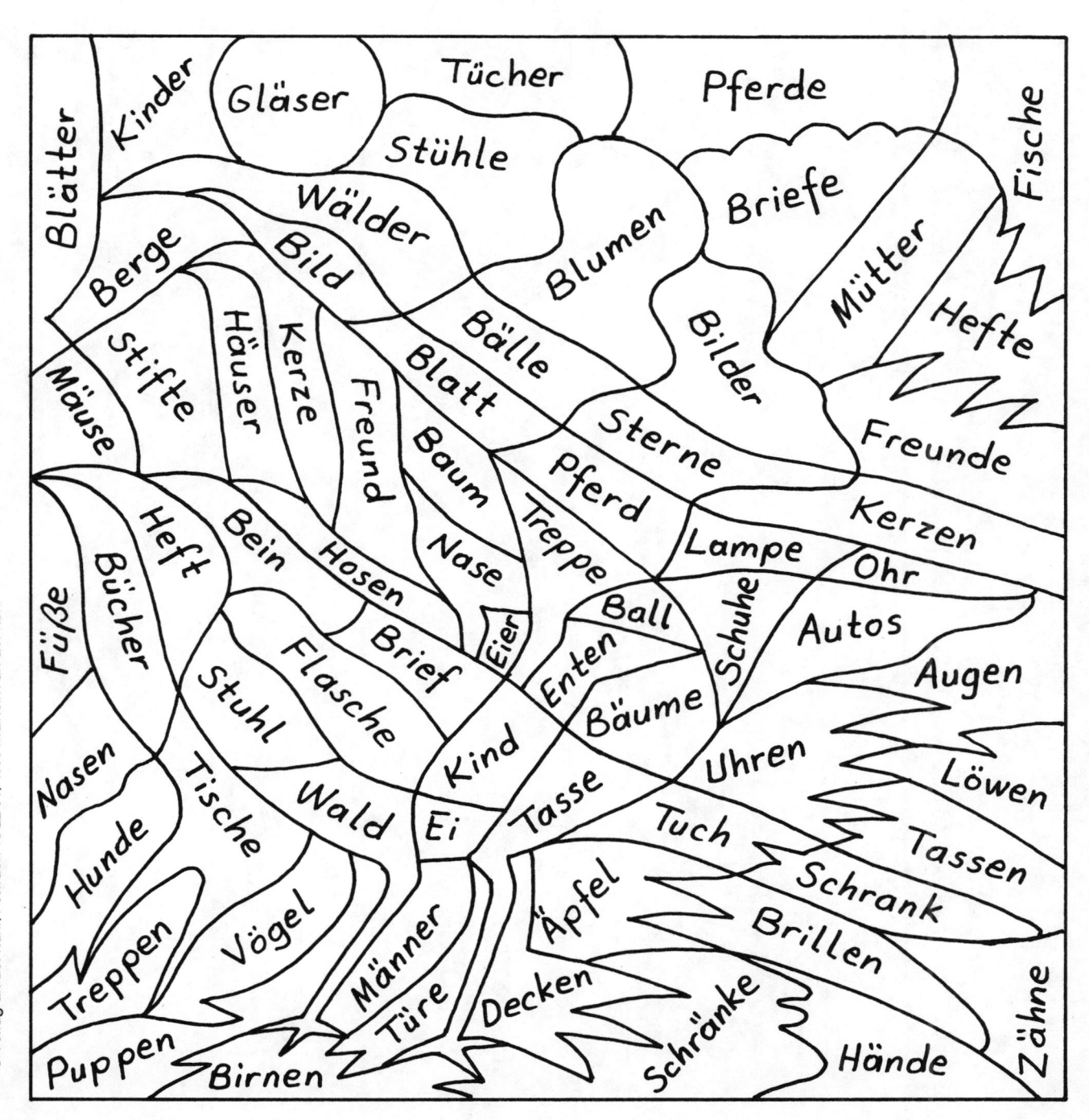

Blätter, Kinder, Gläser, Tücher, Pferde, Fische, Berge, Stühle, Wälder, Blumen, Briefe, Mütter, Hefte, Stifte, Bild, Bälle, Bilder, Freunde, Mäuse, Häuser, Kerze, Blatt, Sterne, Freund, Baum, Pferd, Kerzen, Füße, Bücher, Heft, Bein, Hosen, Nase, Treppe, Lampe, Ohr, Autos, Flasche, Brief, Eier, Ball, Schuhe, Augen, Nasen, Stuhl, Enten, Bäume, Uhren, Löwen, Hunde, Tische, Kind, Tasse, Tassen, Treppen, Vögel, Wald, Ei, Tuch, Schrank, Puppen, Männer, Äpfel, Brillen, Birnen, Türe, Decken, Schränke, Hände, Zähne

Mehrzahl
(Plural)

1. Male alle Mehrzahlwörter schwarz aus!

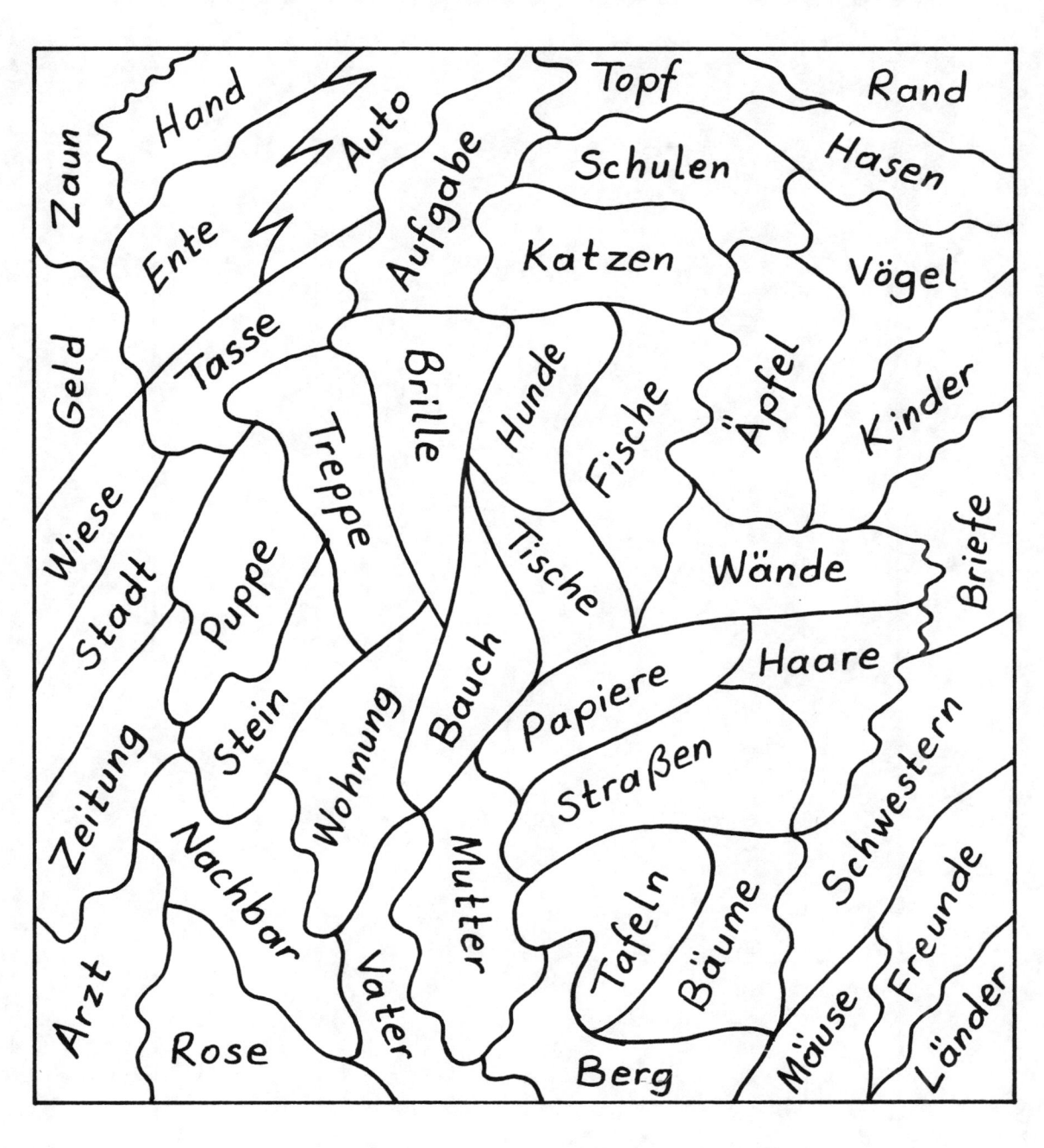

Zaun, Hand, Auto, Topf, Rand, Ente, Aufgabe, Schulen, Hasen, Geld, Tasse, Katzen, Vögel, Wiese, Brille, Hunde, Äpfel, Kinder, Stadt, Treppe, Fische, Puppe, Tische, Wände, Briefe, Zeitung, Stein, Wohnung, Bauch, Papiere, Haare, Nachbar, Mutter, Straßen, Schwestern, Arzt, Vater, Tafeln, Bäume, Freunde, Rose, Berg, Mäuse, Länder

2. Du kannst dein eigenes Schattenbild zeichnen. Du brauchst dazu: 1 helle Lampe, 1 großes Blatt Papier (das mußt du an der Wand befestigen), 1 Kind, das deinen Schatten zeichnet. Probiere aus!

ABC

1. Ordne nach dem zweiten Buchstaben!

Fliege	
Ferien	
Fußball	
Foto	
Familie	
Frieden	
Film	

2. Verbinde die Wörter der Reihenfolge nach!

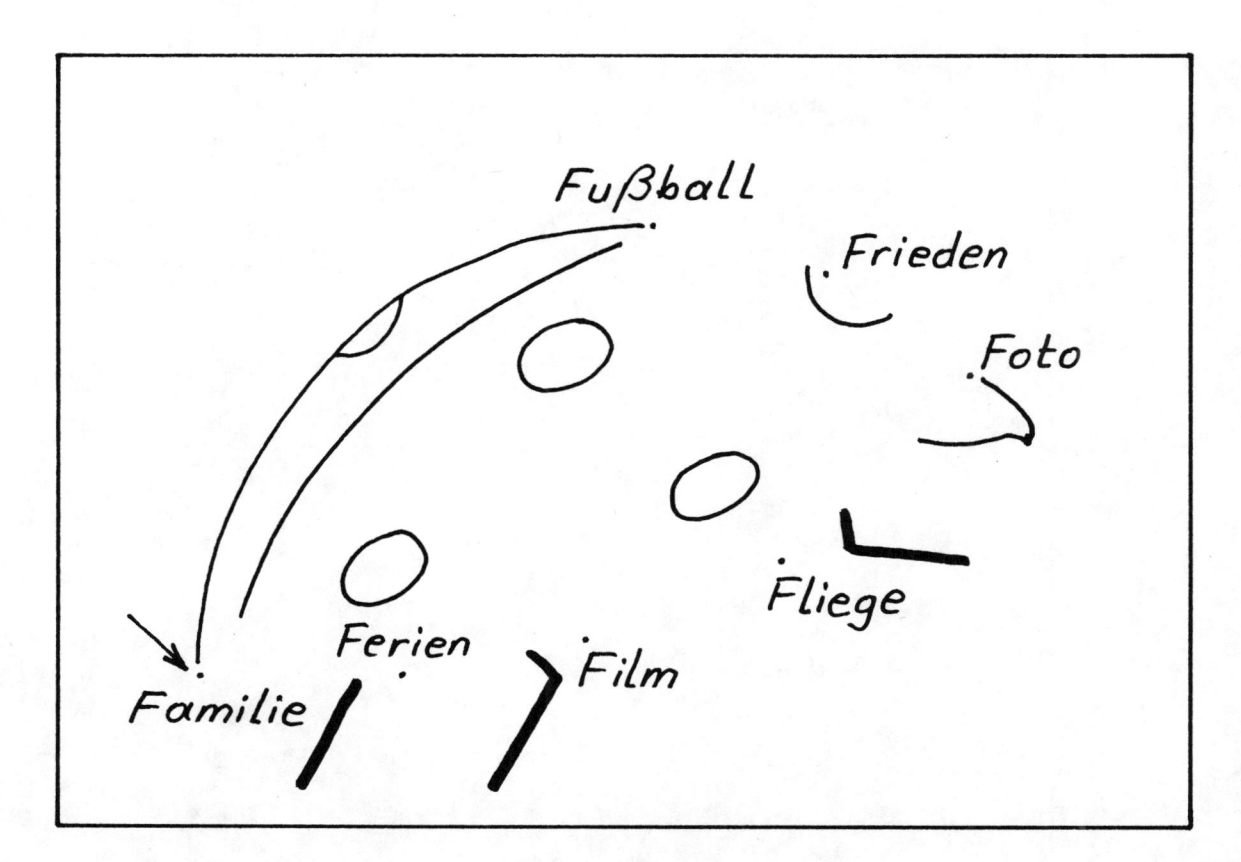

ABC

1. Ordne nach dem zweiten Buchstaben!

Fliege	
Ferien	
Fußball	
Foto	
Familie	
Frieden	
Film	

2. Verbinde die Wörter der Reihenfolge nach!

Fußball Frieden Foto Fliege Ferien Film Familie

ABC

1. Ordne nach dem 4. Buchstaben!

aufstellen	
aufwachen	
auftragen	
aufpassen	
Aufgabe	
aufräumen	

einmal	
einräumen	
Einhorn	
einst	
einpacken	
einfach	

vergessen	
verlieren	
verbieten	
verkaufen	
vertragen	
vermissen	

ABC

1. Ordne nach dem 4. Buchstaben!

aufstellen	
aufwachen	
aufregen	
aufpassen	
Aufgabe	
aufräumen	

einmal	
einsamen	
Einhorn	
Obst	
Einpacken	
einfach	

vergessen	
verlieren	
verbieten	
verkaufen	
vertragen	
vermissen	

ABC

23

**2. Verbinde die Wörter der Reihenfolge nach!
Achtung! Es entstehen 3 Figuren, du mußt also bei
jeder Wortgruppe mit einem neuen Pfeil beginnen.
Benutze unterschiedliche Farben!**

verbieten

vertragen

Aufgabe   aufpassen   vergessen

Einhorn   aufräumen   einmal

aufstellen

verlieren

vermissen   verkaufen

auftragen

aufwachen

einfach

einräumen

einst   einpacken

Doppelte Mitlaute

1. Reime:

fallen
a _ _ _ _ _ _ _
h _ _ _ _ _ _ _
B _ _ _ _ _ _ _
l _ _ _ _ _ _ _

besser
M _ _ _ _ _ _ _

retten
K _ _ _ _ _ _ _
w _ _ _ _ _ _ _
B _ _ _ _ _ _ _
L _ _ _ _ _ _ _

Butter
M _ _ _ _ _ _ _
F _ _ _ _ _ _ _
K _ _ _ _ _ _ _

Nummer
K _ _ _ _ _ _ _
S _ _ _ _ _ _ _
D _ _ _ _ _ _ _

Stelle
F _ _ _ _ _ _ _
Sch _ _ _ _ _ _
Qu _ _ _ _ _ _

Blatt
g _ _ _ _ _ _ _

genommen
bek _ _ _ _ _ _

fressen
e _ _ _ _ _ _ _
verg _ _ _ _ _
bes _ _ _ _ _

2. Schreibe alle Wörter in dein Heft
und ordne sie nach dem ABC!

Doppelte Mitlaute

1. Reime:

fallen	Nummer
a___	K___
h___	S___
B___	D___
L___	

besser	Stelle
M___	F___
	Sch___
	Qu___

retten	Blatt
K___	S___
w___	B___
	L___

genommen	Butter
bek___	M___
	F___
	K___

Fressen
e___
verg___
bes___

2. Schreibe alle Wörter in dein Heft
und ordne sie nach dem ABC!

Doppelte Mitlaute

25

3. Verbinde die Wörter in der alphabetischen Reihenfolge!

Meer. Schnee. retten. Quelle.
Sonne. Wetter. Schelle. Nummer
Ball. Wall. wetten. Mutter
Donnerstag. vergessen. Messer
Letten
lallen
Stelle.
leer
Summer. Kutter
allen.
Ballen. See. Kummer
bekommen. Ketten
besessen. hallen. Sommer
besser. glatt.
Betten. genommen
Blatt. Futter
Butter. doppel. fressen
Dummer. Felle
doof. essen fallen Fußball
Haar. immer
Schneemann

Doppelte Mitlaute

1. Male alle Wörter mit doppeltem Mitlaut bunt aus!

2. Suche die 3 Wörter mit doppeltem Mitlaut aus, auf die du gut reimen kannst!

3. Schreibe sie in dein Heft und suche viele Reimwörter dazu!

4. Magst du ein Gedicht schreiben?

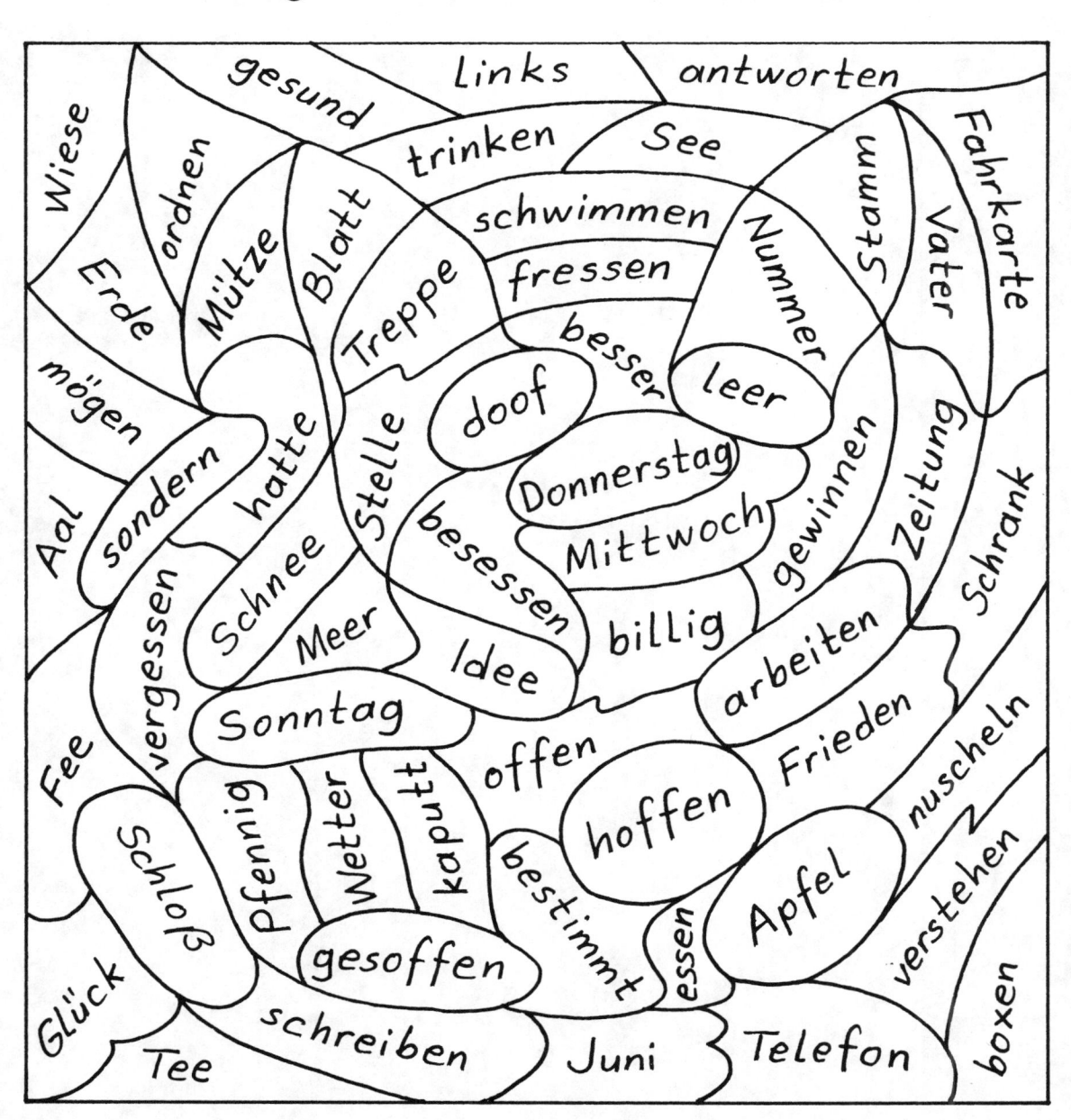

Wiese, gesund, links, antworten, ordnen, trinken, See, Fahrkarte, Erde, Mütze, Blatt, schwimmen, Nummer, Stamm, Vater, mögen, Treppe, fressen, besser, leer, Aal, sondern, hatte, Stelle, doof, Donnerstag, gewinnen, Zeitung, Schrank, Fee, vergessen, Schnee, besessen, Mittwoch, billig, arbeiten, Meer, Idee, Sonntag, offen, Frieden, nuscheln, Schloß, Pfennig, Wetter, kaputt, hoffen, Apfel, gesoffen, bestimmt, essen, verstehen, Glück, Tee, schreiben, Juni, Telefon, boxen

Doppelte Selbstlaute

27

1. Male alle Wörter mit doppeltem Selbstlaut bunt aus!

tauchen, Betten, vergessen, Wohnung, Kummer, trinken, Dummer, Futter, fressen, wetten, Ketten, fallen, retten, Tee, Blatt, arbeiten, Ballen, Idee, See, leer, besser, lallen, Nummer, Kaffee, Fee, genommen, Felle, Messer, bekommen, doof, Schnee, Meer, Aal, Butter, Mutter, Summer, zusammen, Schelle, allen, essen, besessen, schauen, glatt, Schule, Stelle, hallen, Quelle, Kutter

2. Schreibe alle Wörter mit doppeltem Selbstlaut in dein Heft!

3. Ordne sie nach dem ABC!

Oberbegriff

1. Suche den Oberbegriff im unteren Kasten, kreise ihn ein, und schreibe ihn auf die Linien!

Schrank, Kommode, Bett, Tisch, _Möbel_

Milch, Cola, Kaba, Limo, _____

Spaghetti, Pommes frites, Hühnchen, Eis, _____

Erwin, Annette, Elke, Paul, _____

Pullover, Strümpfe, Handschuhe, Mantel, _____

Bäcker, Postbote, Metzger, Verkäufer, _____

Frühling, Sommer, Herbst, Winter, _____

Mäppchen, Ranzen, Stifte, Mathebuch, _____

Auto, Zug, Lastwagen, Fahrrad, _____

Nase, Arm, Bein, Kopf, _____

Montag, Sonntag, Mittwoch, Freitag, _____

Tomate, Kohlrabi, Zucchini, Bohnen, _____

Puppenwagen, Lego, Ball, Kreisel, _____

vier, sieben, dreihundert, tausend, _____

Affe, Maulwurf, Känguruh, Reh, _____

Möbel, Körperteile, Wochentage, Namen, Fahrzeuge, Jahreszeiten, Schulsachen, Getränke, Kleidung, Gemüse, Speisen, Tiere, Berufe, Zahlen, Spielzeug

Oberbegriff

29

2. Verbinde die Wörter, die du eingetragen hast, der Reihenfolge nach!

3. Ordne die Oberbegriffe nach dem ABC und schreibe sie ins Heft!

Achtung! Wenn der erste Buchstabe gleich ist, ordne nach dem 2. Buchstaben!

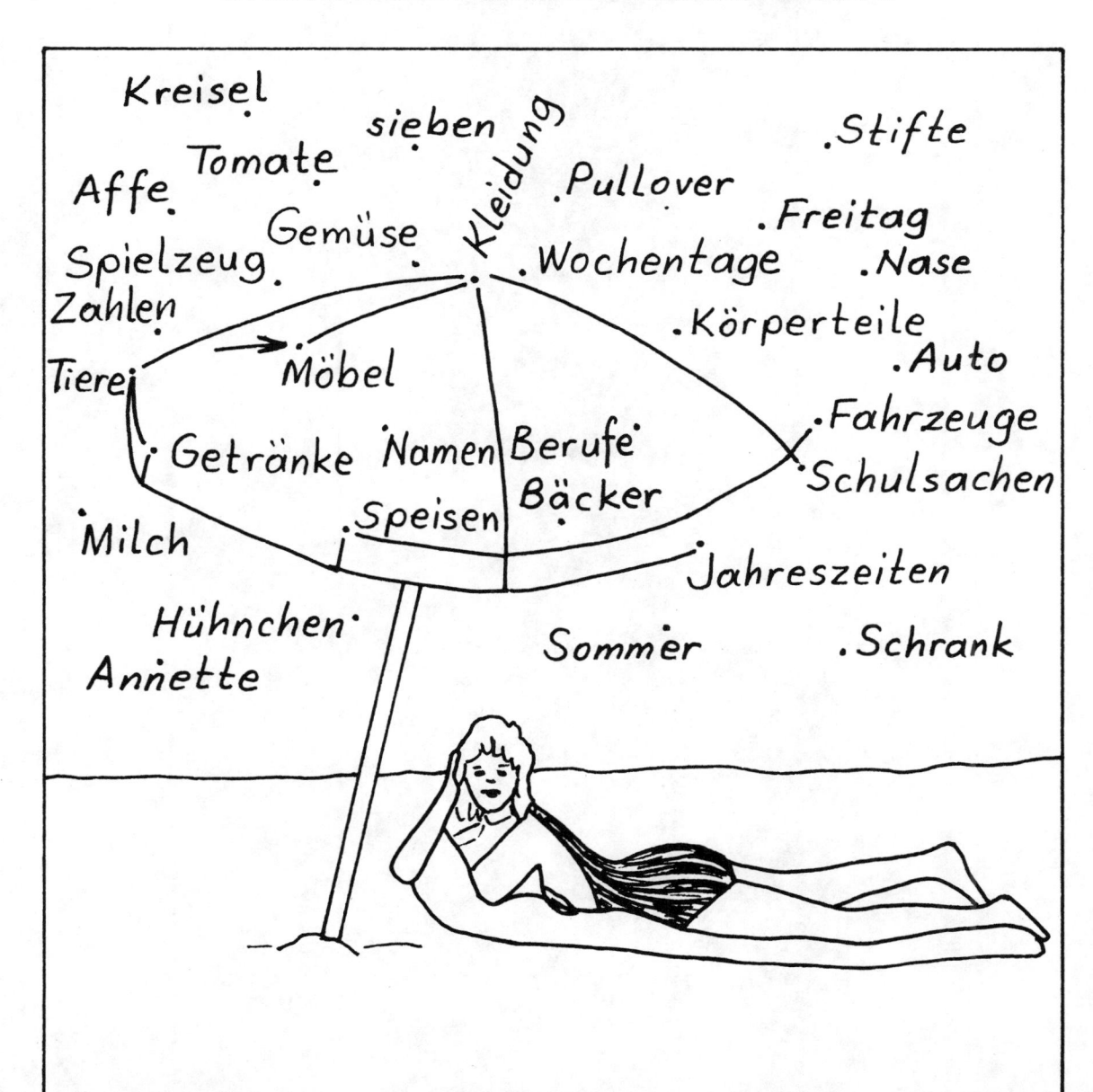

Kreisel
Tomate
sieben
Kleidung
Stifte
Affe
Pullover
Freitag
Spielzeug
Gemüse
Wochentage
Nase
Zahlen
Körperteile
Tiere
Möbel
Auto
Fahrzeuge
Getränke
Namen
Berufe
Schulsachen
Speisen
Bäcker
Milch
Jahreszeiten
Hühnchen
Sommer
Schrank
Annette

Oberbegriff

1. Verbinde die Wörter, die du eingetragen hast, der Reihenfolge nach!

2. Ordne die Oberbegriffe nach dem ABC und schreibe sie ins Heft!

Achtung! Wenn der erste Buchstabe gleich ist, ordne nach dem 2. Buchstaben!

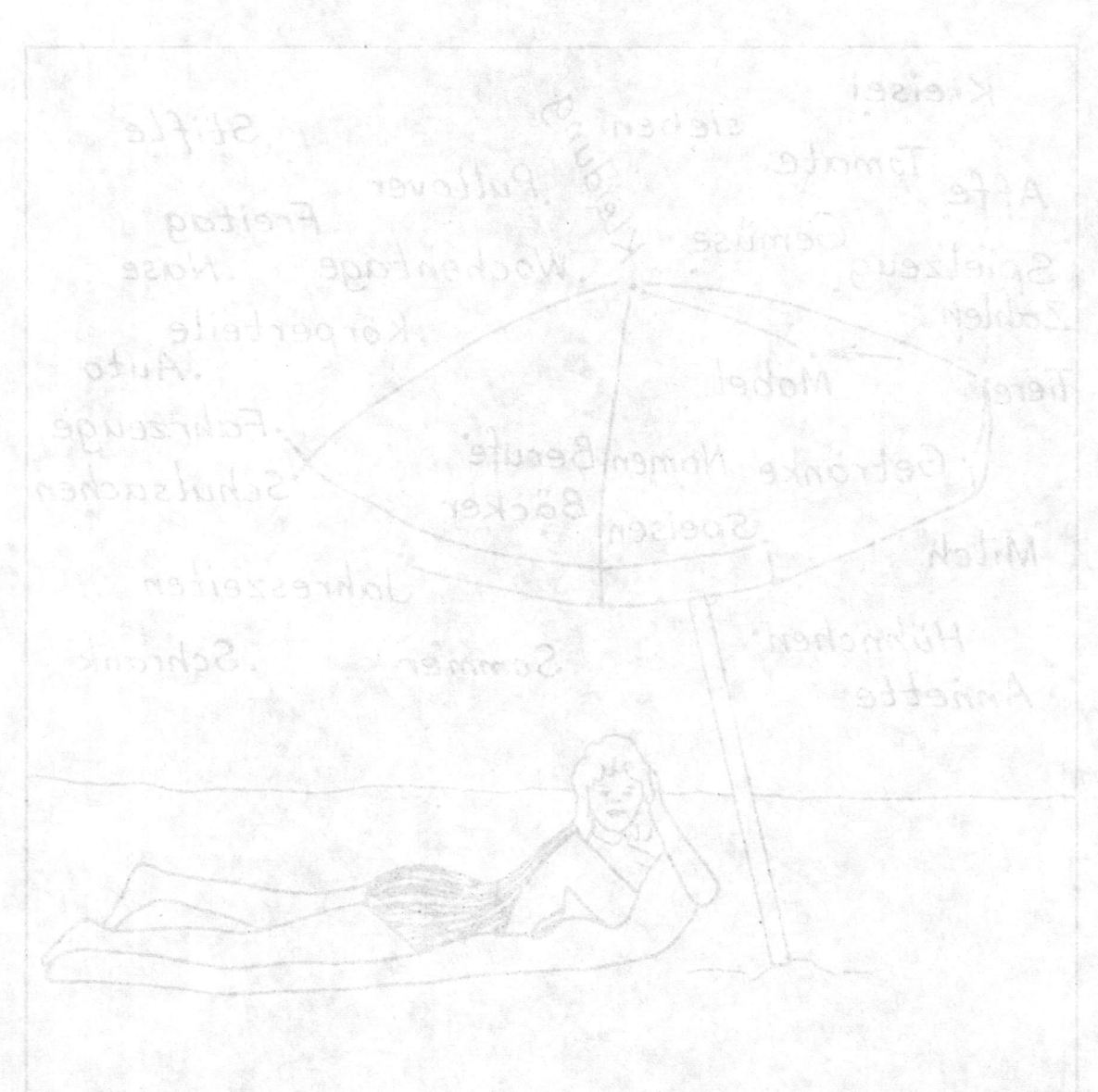

Kreisel
sieben
Tomate   Stifte
Affe   Pullover
Freitag
Gemüse   Kleidung
Spielzeug   Wochentage   Hose
Zahlen   Körperteile
Tiere   Auto
Möbel
Fahrzeuge
Getränke   Nahrung   Berufe
Schulsachen
Bäcker
Speisen
Milch
Jahreszeiten
Hühnchen   Sommer   Schrank
Anette

Was gehört zusammen?

1. Ein Wort gehört nicht in diese Reihe. Kreise es ein!

Milch, Saft, Wasser, (Spülmittel), Tee.
Pflaume, Radieschen, Erdbeere, Banane, Kiwi.
Hammer, Säge, Zange, Bohrer, Bleistift.
Kuchen, Ball, Springseil, Gummitwist, Puppe.
Schwimmflossen, Badehose, Taucherbrille, Schnorchel.
Stefan, Stefanie, Elke, Simone, Barbara.
Butter, Fleisch, Milch, Gemüse, Tisch.
Löwe, Maus, Elefant, Katze, Apfel.
Erbsen, Kirschen, Bohnen, Kohl, Möhren.
Füller, Lineal, Radiergummi, Comic, Heft.
Becher, Glas, Vase, Tasse, Kelch.
Tür, Sessel, Stuhl, Tisch, Sofa.
Tanne, Eiche, Kiefer, Blume, Apfelbaum.
Rock, Mütze, Hose, Kleid, Teppich.
Löwenzahn, Baum, Butterblume, Rose, Nelke.
kurz, vier, null, viele, keine.
blau, gelb, leicht, rot, rosa.
Löffel, Messer, Gabel, Tasse, Kuchengabel.

Was gehört zusammen?

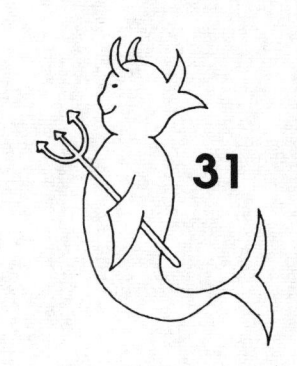

31

2. Verbinde die eingekreisten Wörter der Reihenfolge nach!

Taucherbrille.   Simone. Badehose

Lineal   Stefan.

Zange.   Tisch.   Kuchen

Tanne.   Banane

blau.   Apfel   Bleistift

null.   Butter.

Löffel.   Kirschen   Radieschen

Comic.   Spülmittel

Teppich   Nelke

    Blume   Vase

Baum   Saft

    Tür   Tasse

kurz.

leicht

Katze.   Tasse

Puppe

                 Stuhl

Bohnen   Hose

Verwandte Wörter

1. Kreuze alle Wörter an, die mit dem Wort **sprechen** verwandt sind!

☒	fragen		schreiben
	trinken		nuscheln
	fehlen		lallen
	erzählen		helfen
	laufen		feiern
	schimpfen		rufen
	hauchen		legen
	putzen		schreien
	nehmen		vortragen
	vorlesen		gehen
	flüstern		reisen
	stottern		erklären
	gewinnen		sagen
	teilen		rennen
	verhaspeln		loben
	wispern		denken
	fressen		halten
	essen		reden

Verwandte Wörter

33

2. Verbinde die angekreuzten Wörter der Reihenfolge nach!

fragen   erzählen   fehlen   hauchen
·trinken   schimpfen
feiern   helfen   laufen·
lallen   ·nuscheln
·sagen   ·putzen
legen·   ·erklären
       vorlesen·
·denken   ·schreiben
rennen   ·nehmen
rufen·
·loben   ·wispern
       flüstern·
·halten   ·essen
gehen
       gewinnen·
       ·fressen
reden   ·vortragen   stottern·
schreien   ·reisen   verhaspeln   teilen·

Verwandte Wörter

1. Kreuze alle Wörter an, die mit dem Wort gehen verwandt sind!

☒	wandern		legen
	rennen		trippeln
	trinken		schlafen
	arbeiten		schauen
	essen		stampfen
	laufen		schlurfen
	stolzieren		bauen
	humpeln		mögen
	sehen		klopfen
	lesen		hüpfen
	schreiben		verstehen
	stapfen		hinken
	denken		spazieren
	tänzeln		kaufen
	schlendern		feiern
	malen		schlürfen
	stolpern		helfen
	putzen		schleichen

2. Suche dir einen Partner! Sucht 10 Gangarten aus. Einer spielt vor, der andere rät. Abwechseln!

Verwandte Wörter

35

3. Verbinde die angekreuzten Wörter der Reihenfolge nach!

denken

lesen. malen

sehen schreiben.. schlendern
        stapfen. tänzeln .stolpern
essen. humpeln.   .trippeln
                         .stampfen
arbeiten. .stolzieren   schlurfen
           hüpfen.   .putzen
                         .legen
trinken   .schlafen
        laufen. .hinken
wandern rennen   schauen
         feiern. .spazieren bauen
helfen   .schlürfen
                          .mögen
kaufen. .schleichen
         verstehen   .klopfen

d oder t?

1. Trage **d** oder **t** ein!
2. Kreuze alle Wörter mit **d** an!

☒ Er_d_e	_azu	Bar_
beson_ers	Wer_	we_er
Gebur_	o_er	_enn
tausen_	_ann	an_ere
wie_er	Mun_	Win_er
je_e	Wor_	Win_
Wan_	Frie_e	wil_
Schul_er	Aben_	Hef_
Angs_	än_ern	sofor_
son_ern	sel_en	Hun_
frem_	Han_	Wun_e
e_was	Mona_	_ort
un_	bal_	leuch_en
San_	Na_ur	_rei
_amit	bei_e	hun_ert
ach_	währen_	Ba_

d oder t?

3. Verbinde die angekreuzten Wörter der Reihenfolge nach!

Wert.
jede. .wieder   acht.
            .tausend
Wand.   .etwas
Wort.   .besonders
    .sondern   .Schulter   .Angst
.Sand. und .fremd
                .leuchten
.damit Geburt.
       Erde.   sofort
dazu. dann
   oder .Mund Bad.   Winter
Friede. bald. Heft.
Abend. Hand.   hundert
   ändern .beide   drei.
selten. .während   .wild dort.
     .weder Wind.   Hund Wunde
Monat. denn. andere   .Bart
Natur.

tz oder z?

1. Trage **tz** oder **z** ein!

2. Kreuze alle Wörter mit **tz** an!

☒	Ka_tz_e		stol__
	se__en		zule__t
	kur__		stür__en
	gan__		schü__en
	Plä__chen		tan__en
	Ar__t		Schmer__en
	Bauklö__e		plö__lich
	Ben__in		Spi__e
	Mär__		si__en
	fli__en		Tar__an
	verle__en		Mü__e
	tro__dem		Gren__e
	pflan__en		pu__en
	Schwan__		Spri__e
	schwar__		Flug__eug
	Pla__		De__ember

tz oder z?

3. Verbinde die angekreuzten Wörter der Reihenfolge nach!

Plätzchen stürzen
stolz flitzen verletzen
Schwanz schwarz tanzen
pflanzen Bauklötze Schmerzen
Benzin März trotzdem
Arzt Tarzan
setzen _____ Platz
Mütze sitzen Spitze
ganz putzen plötzlich
Grenze
Katze Spritze
kurz schützen zuletzt
Dezember Flugzeug

ck oder k?

1. Trage **ck** oder **k** ein!
2. Kreuze alle Wörter mit **ck** an!

☒	De_ck_e	tan__en
	dun__el	ste__en
	kran__	trin__en
	verste__en	Ban__
	lin__s	drü__en
	ba__en	tro__en
	star__	Fabri__
	be__ommen	Fahr__arte
	di__	Mar__
	Glü__	einpa__en
	Stü__	O__tober
	dan__en	Glo__e
	den__en	On__el
	er__lären	Brü__e
	zurü__	Quar__
	par__en	Tan__
	Rü__en	dre__ig
	schen__en	Zu__er

ck oder k?

3. Verbinde die angekreuzten Wörter der Reihenfolge nach!

danken.
stecken   drücken   erklären
Rücken. .denken   .parken
zurück.   .trocken
                     .schenken   .tanken
Stück.   .einpacken
Glück.   .trinken
       .dick   Glocke
backen.   .Bank
       .bekommen .Brücke
stark.
       .versteckt   .dreckig
krank. .links   .Fahrkarte
Decke.   .Mark
dunkel.   Fabrik. .Zucker
             Oktober .Onkel

                          Quark.
        Tank.

Qu, qu

42

1. Male alle Wörter mit **Qu** oder *qu* bunt aus!

2. Lies sie einem Partner vor!

3. Schreibe sie in Schreibschrift in dein Heft!

Qu, qu

Wörter im Suchbild: schief, dunkel, passen, Ohr, tanken, Spitze, Katze, Angst, dick, schön, Milch, Baum, tausend, Fliege, gewinnen, Quelle, bekommen, vermissen, Qualle, anfangen, Himmel, Lustig, Gesicht, überqueren, Quatsch, quatschen, leben, reden, quittieren, Quittung, Quark, zusammen, quaken, quellen, verquer, quäken, Minute, bitten, Haar, Oktober, quer, beginnen, kochen, Sand, Haus, Licht, setzen, Flasche, weinen, Brille, kriegen, Traum, Rücken, fröhlich, Familie, Heft, senden, fahren, gießen

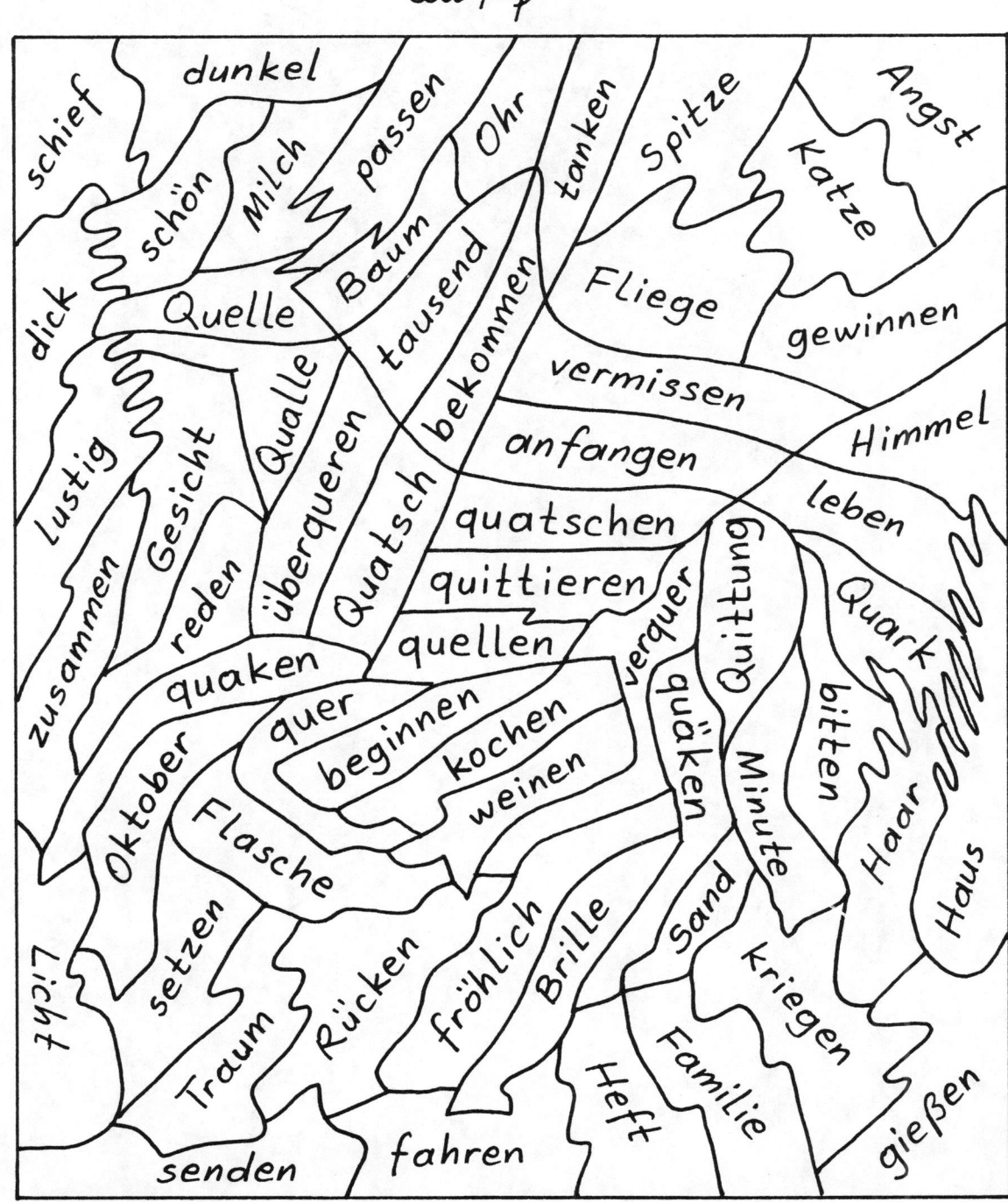

Aus *au* wird *äu*

Suche verwandte Wörter und verbinde!

Merke: Ein Wort wird mit *äu* geschrieben, wenn es ein verwandtes Wort mit *au* gibt.

Haut	Läufer
laufen	träumen
Baum	Räuber
Traum	häuten
Laus	Bäume
Raub	Läuse
bauen	Gebäude
Zaun	Sträucher
kaufen	Zäune
Saum	Mäuse
Strauch	Verkäufer
Bauch	säumen
Maus	Bäuche

eu oder äu?

1. Trage ein: **eu** oder **äu**!
2. Kreuze alle Wörter mit **äu** an!

Weißt du noch?

Ein Wort wird mit _____

☒	B __äu__ me		Fr __ de
	L __ te		L __ se
	h __ ten		F __ er
	h __ te		Z __ ne
	n __		Verk __ fer
	Fr __ nde		fr __ ndlich
	Str __ cher		Werkz __ g
	Geb __ de		tr __ men
	B __ che		St __ er
	Flugz __ g		__ ch
	M __ se		K __ fer
	r __ men		R __ ber
	L __ fer		vertr __ mt
	s __ men		str __ en

Wörter mit *äu*

45

3. Verbinde die Wörter der Reihenfolge nach!

Freunde.
säumen.
Läufer.
neu.
räumen.
Gebäude.
häuten.
heute.
Bäume.
Leute.

Läuse
Zäune
Mäuse
Freude
Verkäufer
träumen
Bäuche
Sträucher
Werkzeug.

Flugzeug
Feuer
Käufer
freundlich
Räuber
euch.
Steuer
streuen
verträumt

Wörter mit ß

1. Male alle Wörter mit ß bunt aus!

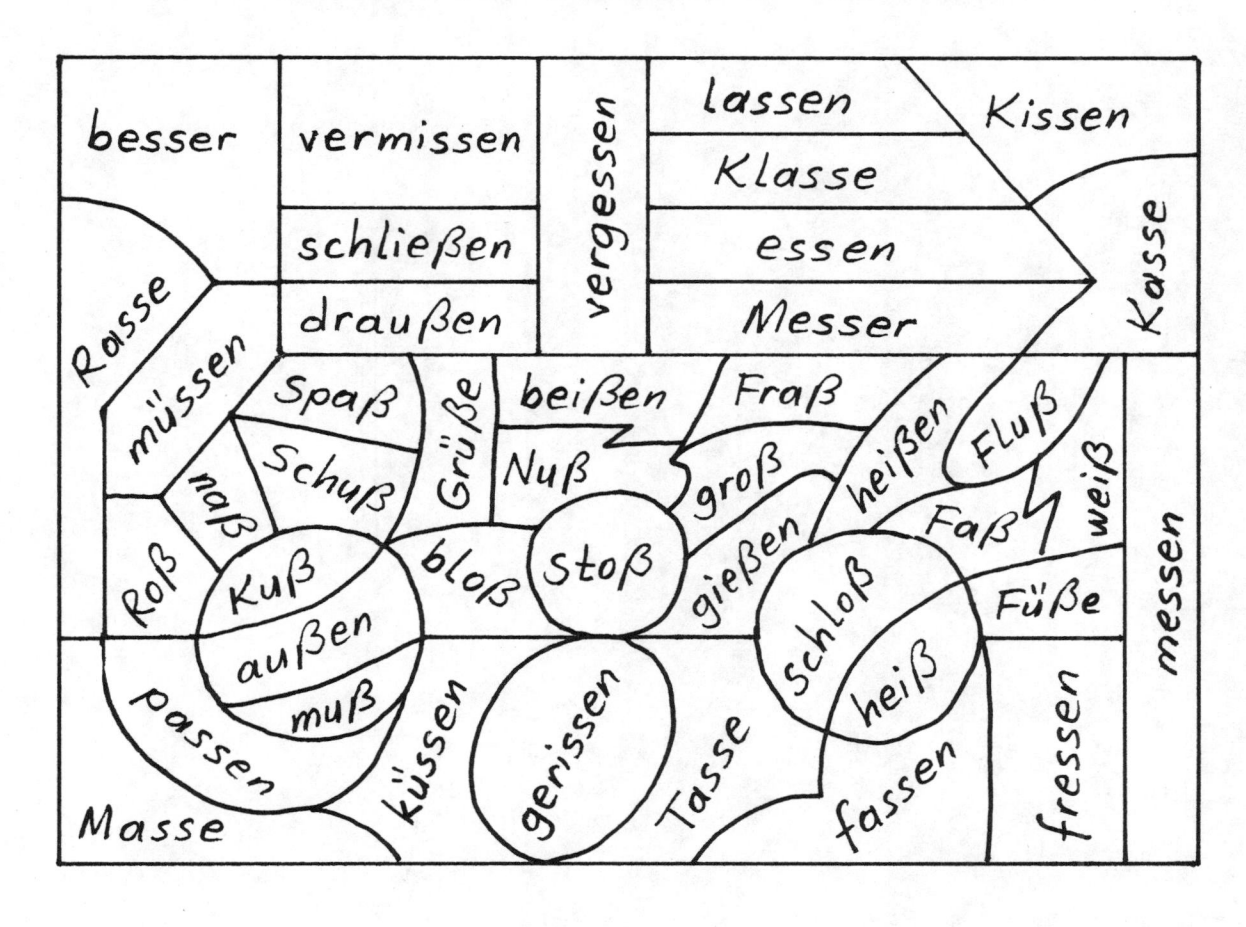

besser	vermissen	vergessen	lassen	Kissen
	schließen		Klasse	
Rasse	draußen		essen	Kasse
müssen	Spaß	Grüße	beißen	Fraß	heißen	Fluß
naß	Schuß	Nuß	groß	Faß	weiß
Roß	Kuß	bloß	Stoß	gießen	Schloß	Füße	messen
	außen				heiß	
passen	muß	küssen	gerissen	Tasse	fassen	fressen
Masse						

2. Schreibe die Wörter mit ß auf!

Reime:

außen	naß	Stoß	muß
		------	------
beißen	Schloß		
------	------	Spaß	
		------	
schließen	Füße		weiß
------	------		------

Wörter mit *ss*

47

1. Male alle Wörter mit *ss* bunt aus!

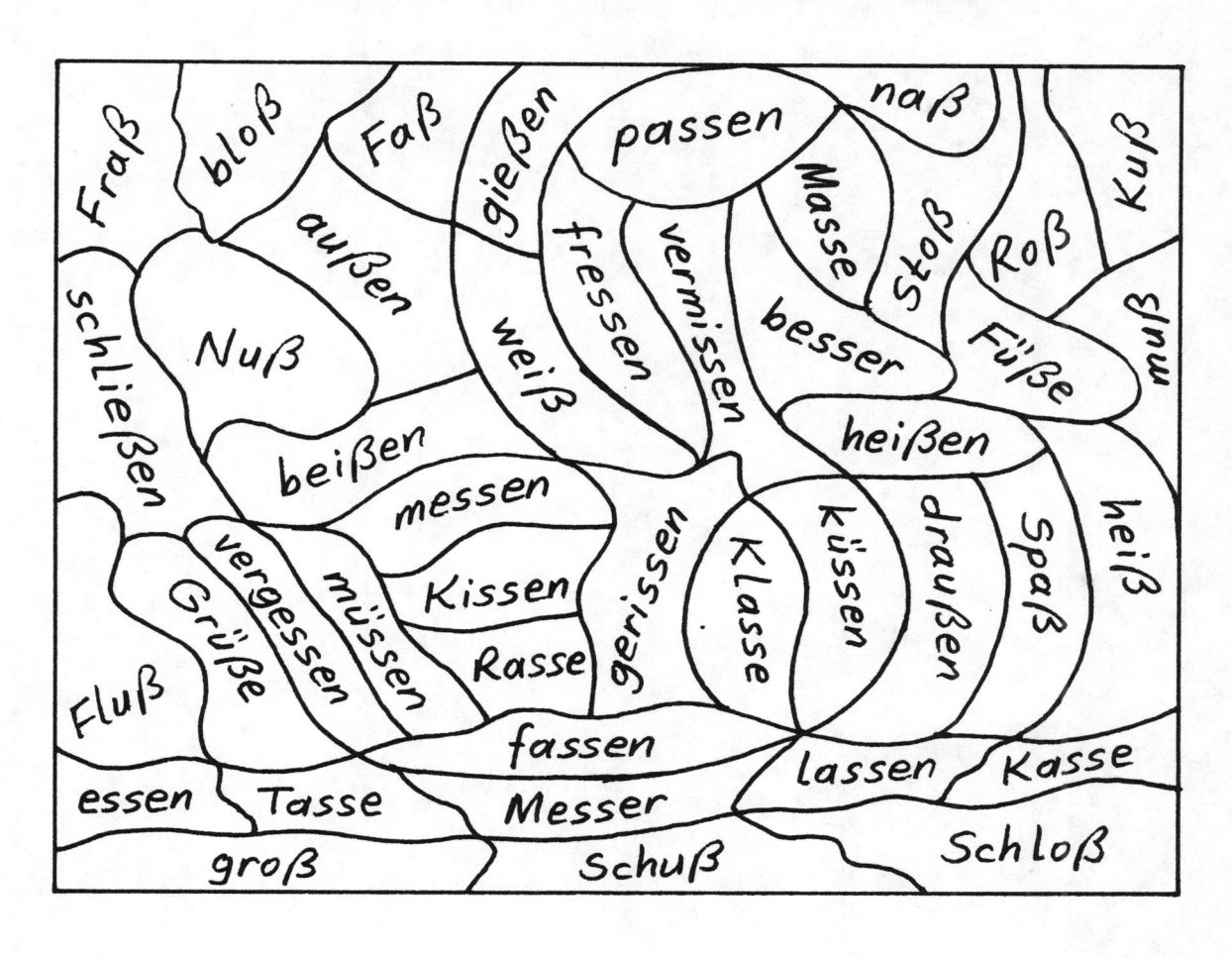

Fraß, bloß, Faß, gießen, passen, naß, Kuß, außen, fressen, vermissen, Masse, Stoß, Roß, Nuß, weiß, besser, Füße, Muß, schließen, beißen, heißen, messen, küssen, draußen, Spaß, heiß, vergessen, müssen, Kissen, gerissen, Klasse, Grüße, Rasse, Fluß, essen, Tasse, fassen, Messer, lassen, Kasse, groß, Schuß, Schloß

2. Schreibe die Wörter mit *ss* auf!

Reime:

Kasse	Kissen	messen
_ _ _ _ _ _ _	v_ _ _ _ _ _ _	_ _ _ _ _ _ _
_ _ _ _ _ _ _	g_ _ _ _ _ _ _	_ _ _ _ _ _ _
_ _ _ _ _ _ _	passen	v_ _ _ _ _ _
küssen	_ _ _ _ _ _ _	besser
_ _ _ _ _ _ _	_ _ _ _ _ _ _	_ _ _ _ _ _ _

ß oder ss?

1. Trage **ß** oder **ss** ein!

2. Kreuze alle Wörter mit **ss** an!

3. Vergleiche mit den Arbeitsblättern "Wörter mit ß" und "Wörter mit ss"!

☒	Ka_ss_e				gro__
	au__en				blo__
	drau__en				me__en
	Ma__e				Spa__
	bei__en		Schlo__		e__en
	Ra__e		geri__en		Fra__
	hei__en		Ro__		mu__
	schlie__en		Fü__e		fre__en
	Ta__e		Grü__e		Schu__
	Kla__e		pa__en		Flu__
	kü__en		Sto__		verge__en
	gie__en		fa__en		Ku__
	mü__en		la__en		Nu__
	na__				be__er
	Fa__				wei__
	Ki__en				Me__er
	vermi__en				hei__

ß oder ss?

49

4. Verbinde die angekreuzten Wörter der Reihenfolge nach!

gießen.
schließen
küssen   .Klasse
naß.   .Tasse
Faß.   .müssen
beißen. .heißen
Schloß.   .Kissen   .Rasse
Roß.   draußen
Füße. Grüße. .vermissen .Masse
Stoß.   gerissen   .Kasse
groß. lassen
fressen   messen   .passen
vergessen.   fassen   außen
              .essen   .bloß
Fraß.   Spaß.
       .besser
muß.   .Fluß   .Kuß
Schuß.   .Nuß
weiß.   .Messer
heiß.

Rätsel

50

Löse die Rätsel.
In jedes Kästchen kommt ein Buchstabe.

- Das ist mitten in deinem Gesicht
- Ein dickes, großes, graues Tier
- Gegenteil von dunkel
- Das brauchst du, wenn es regnet
- Ein Tier, das oft Quatsch macht
- Damit kannst du mit jemandem sprechen, der weit weg ist
- Die Schwester deiner Mutter ist deine....
- Damit schreibst du → B
- Das schwimmt im Wasser
- Eine runde, rote Frucht
- Ein Nadelbaum
- Die Mutter deines Vaters ist deine....
- Morgens geht sie auf, abends geht sie unter
- Das ißt du gerne, wenn es heiß ist

Wörter mit *ie*

1. Male alle Wörter mit *ie* bunt aus!

2. Schreibe die Wörter mit *ie* auf!

Reime:

Tier　　　　　　　tief　　　　　　　siegen

_____　　　_____　　　_____

_____　　　_____　　　_____

_____　　　_____　　　_____

　　　　　　　　　　　　　　　　　_____

Wörter im Bild: Zimmer, Minute, binden, Frühling, fröhlich, dreckig, bitten, klein, frisch, Milch, zwischen, Juni, Juli, April, hier, Kind, lustig, Brille, fliegen, Bier, kriegen, Tisch, Bild, siegen, tief, schief, beginnen, Kissen, Himmel, Brief, Tier, biegen, Gesicht, vier, Liegen, Fisch, klingen, Freiheit, Birne, links, sicher, schwimmen, weit, dick, zwei, herein

Wörter mit ie

1. Male alle Wörter mit ie bunt aus!
2. Schreibe die Wörter mitte auf!

Reime:

Tier	tief	siegen
_____	_____	_____
_____	_____	_____
_____	_____	_____

ie oder i?

1. Trage *ie* oder *i* ein!
2. Vergleiche mit dem Arbeitsblatt "Wörter mit *ie*"!
3. Kreuze alle Wörter mit *ie* an!

☒	Tier	K__nd	l__nks
	Z__mmer	Frühl__ng	kr__gen
	dreck__g	T__sch	d__ck
	M__lch	t__f	B__rne
	lust__g	B__ld	fl__gen
	v__r	beg__nnen	H__mmel
	Br__lle	Br__f	K__ssen
	B__r	fröhl__ch	zw__schen
	fr__sch	Ges__cht	W__nter
	Apr__l	kl__ngen	l__gen
	b__tten	sch__f	F__nger
	M__nute	schw__mmen	Sp__tze
	h__r	s__cher	Jul__
	b__nden	F__sch	b__gen
	Jun__	s__gen	L__cht

ie oder i?

4. Verbinde die Wörter der Reihenfolge nach!

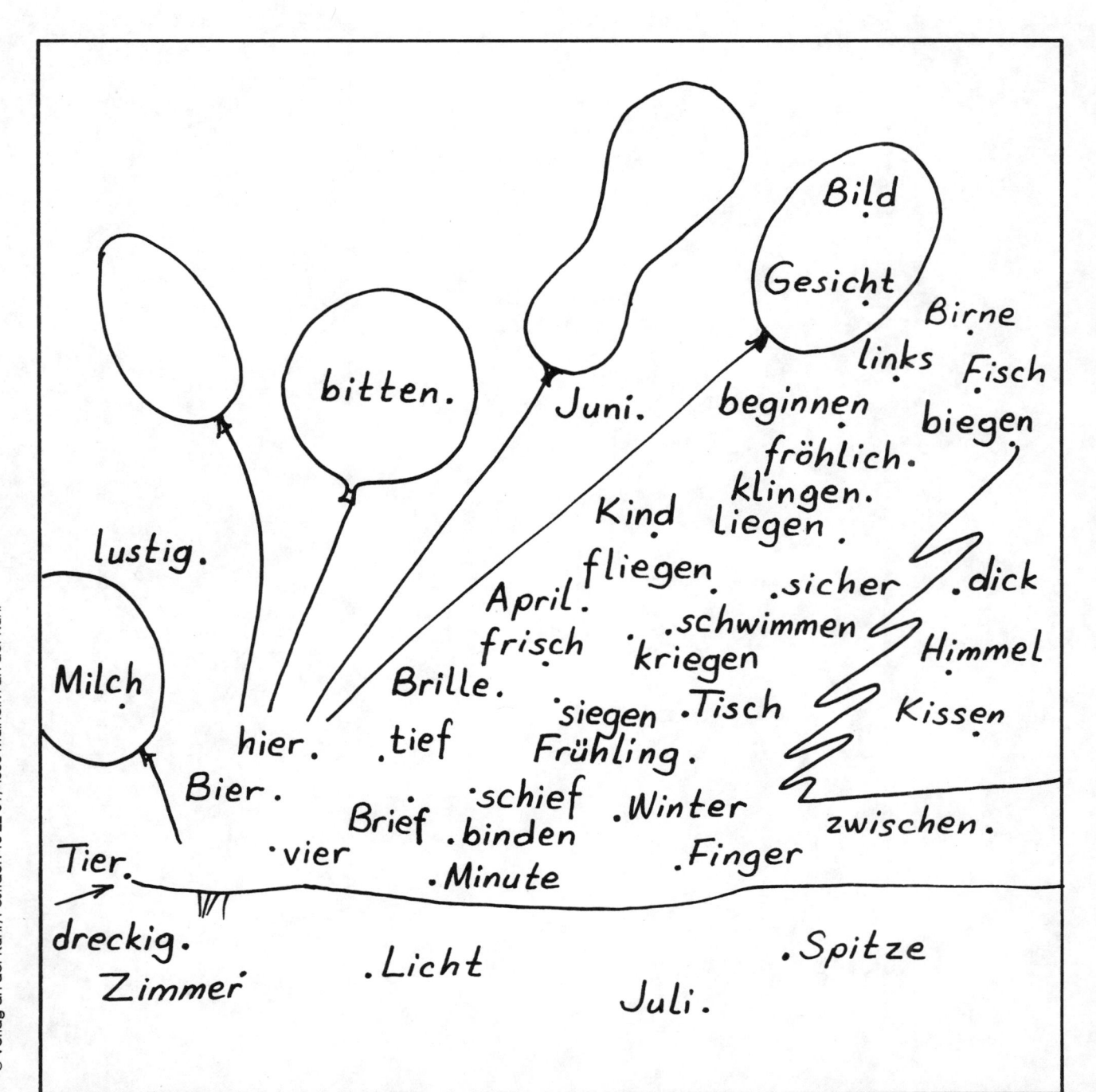

Bild
Gesicht
Birne
links
Fisch
bitten
beginnen
biegen
Juni
fröhlich
klingen
Kind
liegen
lustig
fliegen
sicher
dick
April
schwimmen
frisch
kriegen
Himmel
Milch
Brille
siegen
Tisch
Kissen
hier
tief
Frühling
Bier
schief
Winter
zwischen
Brief
binden
Finger
Tier
vier
Minute
dreckig
Spitze
Zimmer
Licht
Juli

Unhörbares h

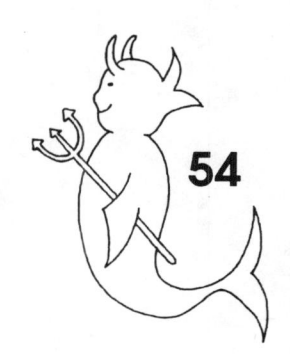

Male alle Wörter, in denen **äh**, **ah** und **uh** vorkommt, bunt aus!

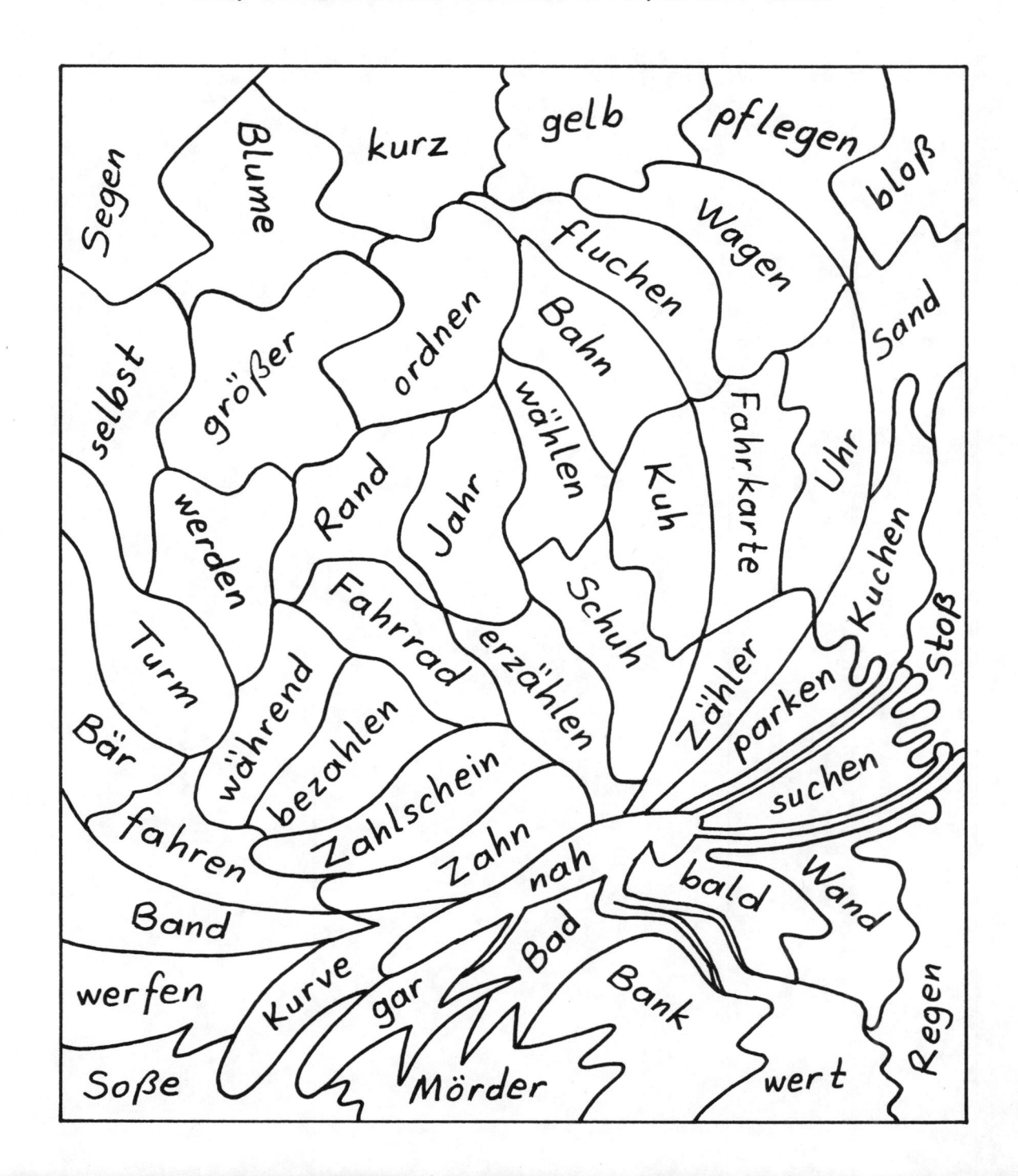

Segen · Blume · kurz · gelb · pflegen · bloß · selbst · größer · ordnen · fluchen · Wagen · Sand · werden · Rand · Bahn · wählen · Fahrkarte · Uhr · Turm · Jahr · Kuh · Kuchen · Bär · während · Fahrrad · Schuh · Zähler · parken · Stoß · fahren · bezahlen · erzählen · suchen · Band · Zahlschein · Zahn · nah · bald · Wand · werfen · Kurve · gar · Bad · Bank · Regen · Soße · Mörder · wert

Unhörbares h

1. Trage ein: **a** oder **ah**
   ä oder **äh**
   u oder **uh**

2. Vergleiche mit dem Arbeitsblatt auf Seite 54!

3. Kreuze alle Wörter mit **ah**, **äh** und **uh** an!

☒	Fahrkarte	B__d
	W__gen	Z__n
	T__rm	s__chen
	Z__ler	g__r
	J__r	Sch__
	W__nd	Z__lschein
	w__rend	K__
	K__chen	b__ld
	B__r	R__nd
	B__nk	erz__len
	f__ren	fl__chen
	n__	__r
	B__n	p__rken
	K__rve	F__rrad
	S__nd	bez__len
	w__len	B__nd

Unhörbares h

56

4. Verbinde die angekreuzten Wörter der Reihenfolge nach!

Wagen
Turm
Wand
↓ Fahrkarte
Bär
Zähler
suchen
Bad Zahlschein
Schuh
Kuh
Jahr
Bank
während
Zahn
gar
fahren Kurve
wählen
erzählen
bald
nah Bahn
Sand Rand
Kuchen Uhr
fluchen
Fahrrad
Band parken
bezahlen

Unhörbares h

57

Male alle Wörter, in denen
eh, **oh**, und **öh** vorkommt, bunt aus!

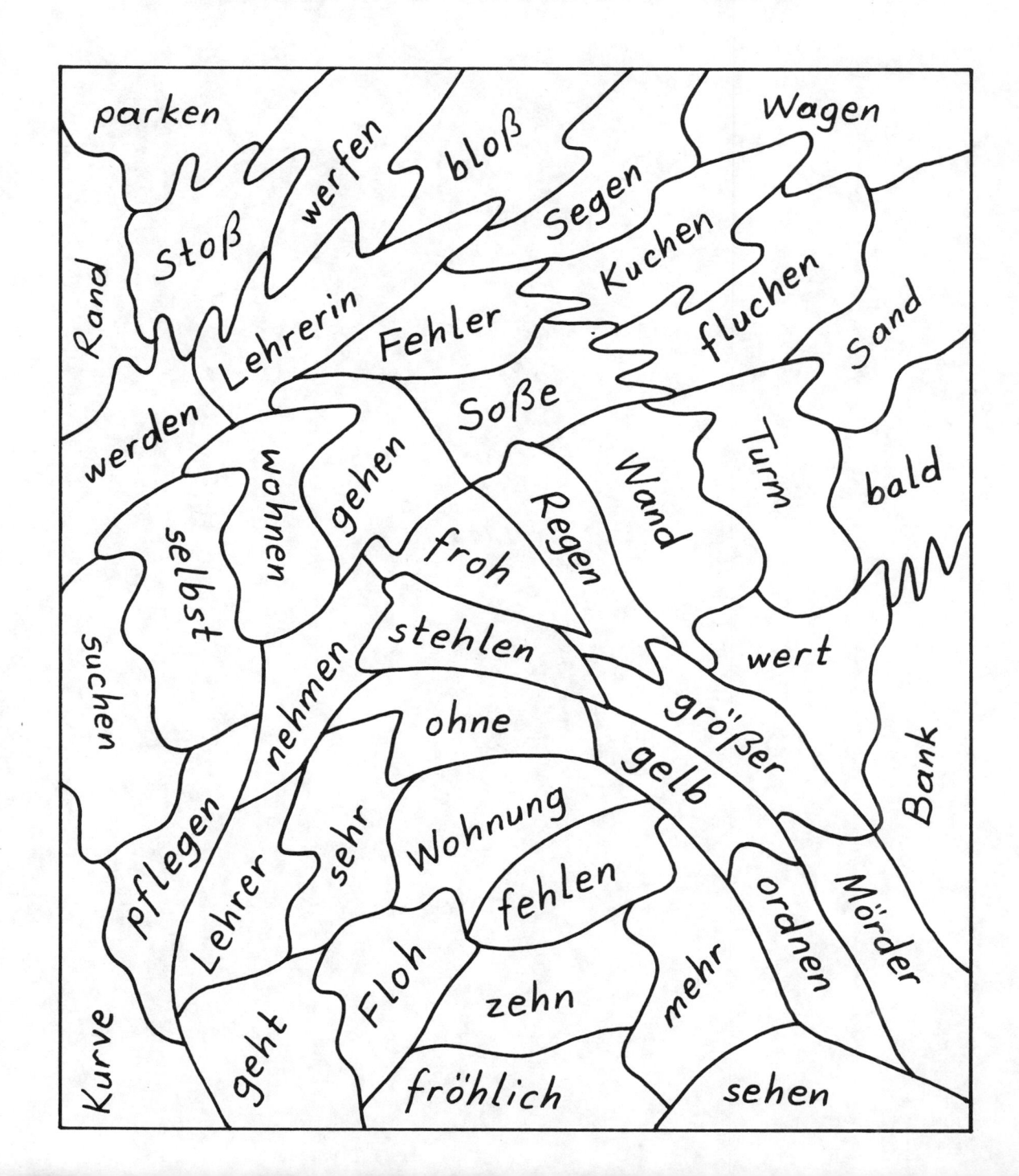

parken, Stoß, werfen, bloß, Wagen, Rand, Lehrerin, Segen, Kuchen, fluchen, werden, Fehler, Soße, Sand, wohnen, gehen, Wand, Turm, bald, selbst, froh, Regen, suchen, nehmen, stehlen, wert, ohne, größer, Bank, pflegen, sehr, Wohnung, gelb, Lehrer, fehlen, ordnen, Mörder, Kurve, geht, Floh, zehn, mehr, fröhlich, sehen	

Unhörbares h

1. Trage ein: **e** oder **eh**
   o oder **oh**
   ö oder **öh**

2. Vergleiche mit dem Arbeitsblatt auf Seite 57!

3. Kreuze alle Wörter mit **eh**, **oh** und **öh** an!

☒	Wohnung	st__len
	L__rerin	gr__ßer
	s__lbst	S__gen
	w__rfen	F__ler
	__ne	w__nen
	__rdnen	S__ße
	s__r	g__t
	L__rer	R__gen
	fr__	fr__lich
	bl__ß	f__len
	w__rt	M__rder
	m__r	z__n
	g__en	n__men
	g__lb	pfl__gen
	w__rden	Fl__
	s__en	St__ß

Unhörbares h

59

4. Verbinde die angekreuzten Wörter der Reihenfolge nach!

wert
gehen sehen   .werden
            .gelb
            .stehlen   .größer
mehr.   froh
Lehrer.   Segen.   .Fehler
                            .Soße
  .sehr
ohne.   geht. .wohnen
bloß.   Lehrerin fehlen.
                        .fröhlich
werfen.   ordnen   zehn.

            Wohnung   .Regen
                    .Mörder.
              .selbst   .nehmen
                .Stoß   pflegen.
                                  .Floh

UND NOCH MEHR IDEEN

Durchblick
Freies Lernen in Projekten

Lehrplanstoff lernen und freies Arbeiten zusammen - das geht! Jeder Band in der Reihe "Durchblick" bezieht sich auf einen Erfahrungsbereich von Grundschulkindern, der von unterschiedlichen Zugängen her bearbeitet werden kann. An einem Gesamtthema wird der unterschiedlichste "Stoff" gelernt. Durchblick - das ist Lehrplan durcharbeiten, Projektunterricht und Freiarbeit in einem! Jeder Band ist reich illustriert, zum Teil mit Vierfarbfotos; für Ihre Orientierung gibt es zu jedem Arbeitsblatt ausführliche Hinweise und eine Übersicht über die behandelten Lehrplanthemen.

❏ Rund um den Baum
Kl. 3/4, 114 S., A4, Pappbox, 39.80 DM

Kiefer und Lärche, Eiche und Buche, Ahorn, Linde und Kastanie spenden reichhaltiges Material für einen breitgefächerten Unterricht, von "konkreter Poesie" bis zur Multiplikation bis 1000, vom Geräuscheerkennen bis zur Wortfamilie.

❏ Ritter, Bauern, Bürger
Kl. 3/4, ca. 110 S., A4, Pappb., ca. 39.80 DM

Dieser Band bringt Licht ins dunkle Mittelalter. Phantasievolle und abwechslungsreiche Arbeitsvorschläge querbeet durch alle Fächer bringen Kindern ein spannendes Stück Alltagsgeschichte nahe.

DURCHBLICK

❏ Ausländer, meine Freunde
Kl. 3/4, ca. 110 S., A4, Pappb., ca. 39.80 DM

Es geht um die wichtige Rolle der Ausländer in Deutschland, um Probleme verschiedener Kulturen und Sprachen, um Möglichkeiten, aufeinander zuzugehen und voneinander zu lernen.

❏ Suchen, Finden, Schreiben
Suchbilder als Lernimpulse
Ab 6 J., 60 S., A4, Papph., 28.00 DM

Diese Freiarbeitskartei bietet eine Vielzahl von Anwendungsmöglichkeiten im Deutschunterricht: Wahrnehmungs- und Konzentrationstraining; Förderung des mündlichen und schriftlichen Sprachgebrauchs. Zu jedem der über 20 Bildpaare gibt es verschiedene Arbeitsaufträge, aber das Suchen der "Fehler" in der "Fälschung" macht allein schon riesigen Spaß.

❏ Lyrik für Kinder
Eine Arbeitskartei
Ab Klasse 2, 80 S., A4, Pappk., 30.00 DM

"Klassiker" in Kinderhand? Diese in der Praxis erprobte Lyrik-Arbeitskartei zeigt, daß Grundschulkinder selbst so schwierige Dinge wie Versmaß, Betonung, Reimlehre spielend und mit Freude erlernen. Im Vordergrund der Kartei steht der kreative Umgang mit Gedichten, von Goethe über Ringelnatz, Kästner, Bert Brecht bis zu Guggenmoos. Anregungen gibt es aber auch für die Produktion eigener Texte.

❏ Seepferdchen
Eine Freischwimmappe für Deutsch, Klasse 2
Kl. 1/2, 60 S., A4, Papph., 28.00 DM

Diese Lese- und Rechtschreibmappe für die ersten Grundschuljahre werden Ihre Kinder begeistert zur Hand nehmen: Auf den 41 Verwirr- und Puzzlebildern werden die Felder mit den Lösungswörtern zu den jeweiligen Aufgaben farbig ausgemalt - so entstehen schöne, ansprechende Motive, die gleichzeitig eine Lernkontrolle beinhalten. Eine Freiarbeitsmappe par excellence.

Tolle Ideen DEUTSCH

❏ Sprachentwicklung
5-11 Jahre, 128 S., A4-quer, Pb., 24.80 DM

Unsere Ideenkiste enthält nahezu 100 verschiedene Anregungen, Aktivitäten und Spiele, die helfen, den Wortschatz zu erweitern, längere, zusammenhängende Texte zu formulieren, sich mitzuteilen, mit Sprache kreativ und spielerisch umzugehen.

❏ Lesespiel
Ab Klasse 2, Paket: 4 Hefte A5, je 60 S., mit Info, 26.00 DM

Jedes Lese-Spiel ist eine spannende Geschichte, deren Ablauf nicht festgelegt ist. Die jungen Leser können durch eigene Entscheidungen den Verlauf verändern, so daß sich unterschiedliche Ausgänge ergeben. Gesteigert wird das Lese-Vergnügen noch durch die phantasievollen, anregenden Illustrationen. Mit Anleitung zum Selbermachen von weiteren Lesespielen.

Die vier Geschichten:
- Der Zauberwald
- Der kleine Indianer
- Das Mäuschen
- Der Schatz der Piraten

❏ Spielen und Darstellen
5-11 Jahre, 128 S., A4-quer, Pb., 24.80 DM

Von Aufwärmübungen über erste, kindgemäße Darstellungsformen bis hin zu Tips und Hilfen für das freie Spiel und die Aufführung finden Sie in diesem Band eine Fülle von Anregungen und Ideen, die sich in der praktischen Arbeit mit Kindern von 5 bis 11 unmittelbar umsetzen lassen.

● Erzähl (und) Mal
GS+OS, A4, Papph., je 25.00 DM

Diese Mappe bietet einen besonderen, ganzheitlich angelegten methodischen Weg, Ihre SchülerInnen mit Freude und Begeisterung zum Verfassen von individuellen Texten anzuregen. Sie werden durch die unvollständigen Bild-Fragmente zum Weitermalen und Zeichnen aufgefordert: ganz persönliche Geschichten entstehen, die Phantasie beflügelt und Ideen entwickeln sich. Unwillkürlich planen Ihre Schüler eine Geschichte dazu, ein Text entsteht. Vielleicht entsteht auf diese Weise auch ein illustriertes Geschichtenbuch?

❏ Band I: 40 S.
❏ Band II: 42 S.

❏ Medienerziehung
5-11 Jahre, 128 S., A4-quer, Pb., 24.80 DM

Speziell für Kinder im Kindergarten- und Grundschulalter ist eine Hinführung zu einem verantwortlichen, aktiven Umgang mit Medien unumgänglich. Dieses Buch bietet viele Anregungen zum spielerischen, kindgemäßen Herangehen: Bildanalysen, Werbung, Fernsehen, Nachrichten, Kommunikation, Produktion werden den Kindern handelnd veranschaulicht.

Verlag an der Ruhr

Alexanderstr. 54
Postfach 10 22 51
4330 Mülheim an der Ruhr

Tel.: 0208 / 49 50 40
Fax: 0208 / 495 0 495

Seepferdchen
Bülent Nergiz
Barbara Vogel
Freischwimmen in Deutsch

IN VORBEREITUNG:
☆ **Seerose**
Aufblühen in Deutsch
Klasse 4

Es handelt sich hier um einen kleinen Ausschnitt aus unserem Programm. Wir senden Ihnen gerne den kostenlosen, aktuellen Katalog.

❏ Bitte senden Sie mir Ihren Katalog.

Hiermit bestelle ich die/den oben angekreuzten Titel.

Name:_____

Adresse:_____

_____

_____

Datum: Unterschrift: